高等学校房地产开发与管理系列教材

房地产市场分析
REAL ESTATE MARKET ANALYSIS

杜冰　王静 / 主编

大连理工大学出版社
Dalian University of Technology Press

图书在版编目(CIP)数据

房地产市场分析 / 杜冰，王静主编. -- 大连：大连理工大学出版社，2025.1(2025.1重印)
ISBN 978-7-5685-1928-1

Ⅰ.①房… Ⅱ.①杜… ②王… Ⅲ.①房地产市场—市场分析—研究 Ⅳ.①F293.35

中国版本图书馆 CIP 数据核字(2019)第 034730 号

FANGDICHAN SHICHANG FENXI

大连理工大学出版社出版

地址：大连市软件园路 80 号　邮政编码：116023
营销中心：0411-84708842　84707410　邮购及零售：0411-84706041
E-mail:dutp@dutp.cn　URL:https://www.dutp.cn
大连图腾彩色印刷有限公司印刷　　大连理工大学出版社发行

幅面尺寸：185mm×260mm　　印张：11　　字数：275 千字
2025 年 1 月第 1 版　　　　　　　　　2025 年 1 月第 2 次印刷

责任编辑：邵　婉　张　娜　　　　　　责任校对：朱诗宇
　　　　　　　　　　封面设计：奇景创意

ISBN 978-7-5685-1928-1　　　　　　　　　定　价：45.00 元

本书如有印装质量问题，请与我社营销中心联系更换。

前言

自1998年"住房制度改革"之后,中国房地产市场应运而生,并迅速发展成为中国经济的支柱产业之一。房地产市场作为我国重要的消费品市场,不仅直接关系到人们的居住需求,而且与国家的经济发展密切相关。房地产市场的健康发展不仅能够带动相关产业的发展,还能够创造大量的就业机会,促进经济的增长。对房地产市场进行分析可以帮助我们更好地了解市场的变化和趋势。房地产市场的波动对于整个经济都有着重要的影响。因此,了解房地产市场的变化和趋势,可以帮助我们更好地把握经济的发展方向,作出更加明智的决策。

房地产市场分析是一门以房地产市场运行现象及其资源配置活动为独特研究对象、具有很强的综合性和交叉性的应用经济学科。针对某种特定房地产项目,研究分析其所处市场环境及供需关系,进而挖掘其市场机会点。房地产市场分析不是简单地罗列市场数据,而是基于数据基础进行的分类分析。房地产市场分析结论是制定项目定位、发展方向等市场决策的重要依据。

中国的房地产市场虽已经历多轮周期,但总时长仅有短短几十年,稍显短暂的发展历程不足以支撑其完善的理论基石。因此,房地产市场分析的理论研究还略显稚嫩,有待于理论工作者进行更进一步的钻心研究。

就目前而言,国内对于房地产市场分析的理论研究还处于萌芽阶段,其理论成果散见于各类教材和书籍中。本教材与其他同类教材相比,力争在理论方法和结构体系上能有所突破。本教材在科学阐述房地产市场运行规律的基础上,紧密结合我国房地产市场分析的理论前沿,综合运用房地产市场分析的相关理论和模型,对房地产项目进行系统论证,使读者深入掌握房地产市场分析的相关理论知识,具备房地产市场分析的实际操作能力。具体而言,本教材具有以下特点:

在房地产市场分析中,坚持从宏观到微观的原则,运用最新的理论和模型,对房地产市场分析的各个环节展开论述,既把握宏观方向,又注重市场细节;在内容上,兼顾其系统性、适中性和非重复性,对内容的组织从系统性、全面性的角度出发,使读者对房地产市场分析有全面系统的认识;在难度的把握上,为了同时满足应用型本科和高职高专学生的需要,坚持适中原则;避免内容的重复,尤其是那些与后续专业课程联系密切的内容,在广泛涉及的基础上,注意从房地产市场分析的角度阐述问题;在语言表达上,尽量做到通俗易懂、文字简练。

全书共包含10章:第1、2章为总论,主要论述房地产市场分析的相关概念和整体的相关理论;第3~5章,从宏观角度论述房地产市场的环境分析、需求分析和供给分析;第6章从中观层次上论述房地产市场的项目定位分析;第7~10章,从微观角度对住宅市场、零售商业物业市场、批发商铺市场和写字楼市场进行具体分析。

本教材由沈阳建筑大学管理学院杜冰副教授和王静副教授担任主编,负责全书的写作思路构建、总体设计和最后修改、定稿、写作。沈阳建筑大学管理学院的席秋红老师协助主编做了通稿及文字校对工作。

在本教材编写过程中,沈阳建筑大学管理学院广大教师给予了大力支持与热忱帮助,提出了宝贵的意见和建议,并贡献出相关研究项目及研究成果,极大地增加了本书的专题学术特色,在此深表谢意。

在本教材编写过程中,参阅了大量专业教材、专著等参考文献,在此谨向有关作者表示衷心的感谢。由于编者水平所限,书中不足之处和错误在所难免,恳请读者和有关专家批评指正。

编　者

2024年9月

目录

第1章 房地产市场及其特点 ... 1
- 1.1 房地产概论 ... 1
- 1.2 房地产市场 ... 5
- 1.3 中国房地产市场的发展 ... 7
- 1.4 政府对房地产市场的宏观调控 ... 13

第2章 房地产市场分析概述 ... 22
- 2.1 房地产市场分析的相关概念 ... 22
- 2.2 房地产市场分析的流程 ... 27
- 2.3 房地产市场分析的客户需求 ... 29
- 2.4 房地产市场分析报告 ... 32

第3章 房地产市场环境分析 ... 37
- 3.1 相关理论界定 ... 37
- 3.2 房地产项目市场环境分析的内容 ... 40
- 3.3 房地产项目市场环境分析的方法 ... 43

第4章 房地产市场需求分析 ... 47
- 4.1 房地产需求概述 ... 48
- 4.2 房地产需求分析的内容 ... 51
- 4.3 房地产需求分析的方法 ... 52
- 4.4 房地产项目需求分析的过程 ... 54

第5章 房地产市场供给分析 ... 60
- 5.1 房地产市场供给分析概述 ... 60
- 5.2 房地产市场供给分析的内容 ... 64
- 5.3 房地产市场供给分析的方法 ... 66

第 6 章 房地产市场项目定位分析 … 70
6.1 房地产项目定位分析概述 … 70
6.2 房地产开发项目定位分析的内容及应注意的问题 … 72
6.3 房地产项目市场定位的基本方法和实务操作流程 … 73

第 7 章 住宅市场分析 … 79
7.1 住宅市场的特征 … 79
7.2 住宅市场细分 … 82
7.3 商品住宅市场环境分析 … 91
7.4 住宅市场需求分析 … 94
7.5 商品住宅市场供给分析 … 96
7.6 商品住宅市场的竞争性分析 … 100

第 8 章 零售商业物业市场分析 … 104
8.1 商圈的划定 … 105
8.2 零售商铺的市场特征 … 111
8.3 零售商铺市场细分 … 113
8.4 零售商铺市场背景分析 … 116
8.5 零售商铺市场需求分析 … 120
8.6 零售商铺市场供给分析 … 125
8.7 零售商铺市场的竞争性分析 … 127

第 9 章 批发商铺市场分析 … 132
9.1 批发商铺概述 … 133
9.2 批发商铺市场背景分析 … 136
9.3 批发商铺市场供求分析 … 139

第 10 章 写字楼市场分析 … 146
10.1 写字楼市场分析概述 … 146
10.2 写字楼市场细分 … 149
10.3 写字楼市场背景分析 … 155
10.4 写字楼市场需求供给分析 … 157
10.5 写字楼的竞争性分析 … 162

参考文献 … 166

第1章

房地产市场及其特点

学习要点

了解房地产市场及其特点是对房地产市场进行分析的首要前提。本章首先对房地产进行概念性的阐述,其次对房地产市场进行理论界定,在此基础上梳理了我国房地产市场发展的历史进程,最后探讨我国政府对房地产市场所作的宏观调控政策调整。通过本章的学习,学生能够掌握房地产及房地产市场的相关基础理论,了解我国房地产市场发展的历史进程,熟悉我国政府对房地产市场所作的宏观调控政策调整。

1.1 房地产概论

1.1.1 房地产的概念

房地产的概念应该从两个方面来理解:房地产既是一种客观存在的物质形态,也是一项法律权利。

作为一种客观存在的物质形态,房地产是指房产和地产的总称,包括土地和土地上永久建筑物及其所衍生的权利。房产是指建筑在土地上,可以作为财产的各种房屋,包括住宅和工业、商业、服务、文化、教育、卫生、体育、办公用房等。地产是指土地及其上下一定的空间，包括地下的各种基础设施、地面道路等。

法律意义上的房地产本质上是一种财产权利，这种财产权利是指寓含于房地产实体中的各种经济利益以及由此而形成的各种权利，如所有权、使用权、抵押权、典权、租赁权等。

需要说明的是，房地产是我国独有的概念，国际上一般称之为不动产（real estate）。所谓不动产，是指不能移动的物体，移动后改变了原来的性质、形状，失去了原有的价值，如土地、建筑物和构筑物等。不动产的法律意义在于，当其产权转移时，必须到国家指定的机关进行登记，其转移才具有法律效力。

在我国香港，房地产又称为物业，香港人对物业的解释是：物业是单元性不动产，一个住宅单位是一个物业，一个工厂楼宇是一个物业，一个农庄也是一个物业，故物业可大可小，大物业可分割为小物业。在中国香港，"物业"这个词是从英文 Property 一词翻译过来的，在英国 Property 就是指房地产。

1.1.2 房地产的分类

房地产最基本的分类方法是按其构成划分的，分为土地和房屋两大类。而按不同的方法还可以对土地和房屋进行各种分类。

1. 土地的分类

（1）按土地的开发程度，土地可分为生地、毛地和熟地。

生地：指不具有城市基础设施的土地，如荒地、农地。

毛地：指具有一定城市基础设施，但尚未完成房屋拆迁补偿安置的土地。

熟地：指具有较完善的城市基础设施且土地平整，能直接在其上进行房屋建设的土地。

（2）按是否具有建筑用途，土地可分为建筑用地和非建筑用地。

（3）按是否与城市经济紧密相连，土地可分为农村土地和城市土地。

根据国家标准《城市用地分类与规划建设用地标准》（GB 50137—2011），城市用地分为居住用地、公共设施用地、工业用地、仓储用地、对外交通用地、道路广场用地、市政公用设施用地、绿地、特殊用地。

2. 房屋的分类

（1）按建筑结构的不同，房屋可分为钢结构房屋、钢筋混凝土结构房屋、砖混结构房屋、砖木结构房屋、其他结构房屋等五类。

（2）按功能用途的不同，房屋可分为住宅、工业厂房和仓库、商场和商业店铺用房、办公用房、宾馆饭店、文体、娱乐设施、政府和公用设施用房、多功能建筑（综合楼）等八类。

（3）按价格的构成不同，房屋可分为商品房、微利房、福利房、成本价房和优惠价房等，这是我国特有的分类方法。

（4）按所有权的归属不同，房屋可分为公房和私房。公房又分为直管公房和自管公房两类。直管公房是指由国家各级房地产管理部门直接经营管理的国有房产,自管公房是指由机关、团体、企事业单位自行经营管理的国有或集体所有的房产。

1.1.3 房地产的特性

房地产既具有商品属性又具有社会属性。市场经济下,房地产是一种特殊的商品,具有位置固定性、异质性、使用长期性、投资大量性及保值增值性、开发使用的外部性、易受政策的影响性、变现性差等商品特征。房地产商品的特殊性还表现在其具有消费品和投资品的双重经济身份,如住宅可以满足人们居住这一基本生活需要,从这个意义上讲,这种住宅房地产就是一种消费品;而厂房、仓库、办公楼等房地产往往是人们基于生产经营目的的投入,从这个意义上讲,这些房地产属于投资品。

1. 位置固定性

土地具有不可移动性(immobility),建筑物由于固着于土地上,不论其外形、性能与用途如何,从其建造那天起便定着于土地之上,也不可移动。因此,位置对房地产投资具有重要意义,投资者在进行一项房地产投资时,必须重视对房地产的宏观区位和具体位置的调查研究,房地产所处的区位必须对开发商、物业投资者和使用者都具有吸引力。

房地产的位置分为自然地理位置和社会经济地理位置。虽然房地产的自然地理位置固定不变,但其社会经济地理位置却经常在变动,这种变动可以由以下原因引起:①城市规划的制定或修改;②交通建设的发展或改变;③其他建设的发展等。房地产投资者应重视对房地产所处位置的研究,尤其应重视其社会经济地理位置的现状和发展变化的研究。

2. 异质性

房地产位置固定性派生出房地产的异质性(heterogeneity),即没有两宗完全相同的房地产。该特性决定了房地产供给和需求的地方性和区域性,而且房地产不存在统一的市场价格。

由于每幢房屋的用途不同,所处的地理位置不同,因而通常它不可能像一般商品那样通过重复生产来满足消费者对同一产品的需求。每一幢房屋会因其用途、结构、材料、面积、朝向、装饰、高度等的不同而产生许多差异。即使是采用同样的设计、结构、材料等,也会因建造的位置、时间、施工技术和房屋周围地质、气候条件的不同而相去甚远。总之,市场上不可能有两宗完全相同的房地产。某宗房地产商品一旦交易成功,就意味着别的需求者只能另寻他途。

3. 使用长期性

尽管土地可能被沙漠化、被洪水淹没或荒芜、侵蚀,然而它在地球表面所标明的场所是永存的。可以说,土地具有不可毁灭性。建筑物一经建造完成,其寿命通常可达数十年甚至上百年,相对于其他物品来说也具有耐久性(durability)。正常情况下,建筑物很少会发生倒塌,只是如果有更好的用途或有可能提供更高的价值才会被拆除。但值得注意的是,在我国,房地产自然方面的长期使用性受到了有限期的土地使用权的制约。土地使用权期满,土地使用权及其地上建筑物、其他附着物所有权由国家无偿取得。国家规定的土地使用权出让最高年限按下列用途确定:居住用地为 70 年;工业用地为 50 年;教育、科技、文化、卫生、体育用地为 50 年;商业、旅游、娱乐用地为 40 年;综合或者其他用地为 50 年。土地使用权最高年限对房地产估价具有重要意义。如坐落位置很好、建筑物的外观也很好的房地产,可能由于土地使用年限很短而不值钱。

4. 投资大量性

房地产开发建设需要巨额投资。在我国大城市,每平方米的地价往往较贵,房屋的建筑安装工程造价也很昂贵,它们都决定了投资房地产商品将要付出巨大的代价。

5. 保值增值性

土地是不可再生的自然资源,而随着社会的发展、人口的不断增长,经济的发展对土地需求的日益扩大,建筑成本的提高,房地产的价格总趋势在不断上涨,从而使房地产既能保值,还能增值(appreciation)。房地产的这些特性对房地产投资和经营具有很大影响,房地产投资策略的制定、决策和经营都必须考虑房地产的这些特性。

6. 开发使用的外部性

外部性(externality)是指房地产的利用和价值经常受周围房地产利用及环境变动的影响。房地产价格除与其自身质量有关外,主要取决于其位置和周围环境,受邻近房地产用途和功能的影响,即一宗房地产与其周围房地产相互影响。房地产的价格不仅与其本身的用途等有直接的关系,往往还取决于其周围其他房地产的状况。例如,在一栋住宅楼旁边兴建一座工厂,会导致该住宅楼的价值下降;反之,若在其旁边兴建一个公园或绿地广场,则可使其价格上升。房地产深受周围社区环境影响,不能脱离周围的社区环境而单独存在。政府在道路、公园、学校、博物馆等公共设施方面的投资,能显著地提高附近房地产的价值。反之,周围社区环境的衰退,必然降低房地产的价值。

房地产的投资、开发和使用,既能给周围地段带来外部经济,如修筑一条道路使得周围居民或企业因道路的开发而享受到的便利就是外部经济;也能造成外部不经济,如道路的修筑对生态环境造成负面的影响,并非由道路的修筑者所承担。

7. 易受政策的影响性

任何国家基于社会经济发展和公共利益需要,都要对房地产占有、使用、分配、流转等作出某种限制。

房地产受政府法令和政策的限制及影响较重要的有两项:一是政府基于公共利益,限制某些房地产的使用,如城市规划对土地用途、建筑容积率、建筑覆盖率、建筑高度和绿地率等的规定;二是政府为满足社会公共利益的需要,可对房地产实行强制征用或收买。房地产易受政策限制的特征还表现在,由于房地产不可移动,也不可隐藏,所以逃避不了未来政策制度变化的影响。这一点既说明了投资房地产的风险性,也说明了政府制定长远的房地产政策的重要性。

8. 变现性差

房地产被认为是一种非流动性资产,其投资的流动性相对较差。由于把握房地产的质量和价值需要一定的时间,其销售过程复杂且交易成本较高,因此它很难迅速无损地转换为现金。

造成房地产投资流动性相对较差的原因有四项：一是房地产开发有相当大的比例是用于生产经营的，这样该笔投资只能通过折旧的方式逐渐回收；二是当房地产被当作商品进行买卖时，由于多种原因，该房地产可能想卖而卖不掉，或由于卖掉后损失太大而不愿卖，这样房地产滞留在投资者手中，投资就沉淀于该房地产；三是当房地产被当作资产进行经营时，其投资只能通过租金的形式逐渐回收；四是当房地产处于居住自用或办公自用时，一般不涉及投资回收问题，该笔价值逐渐被使用者消耗掉。

1.2 房地产市场

1.2.1 房地产市场的含义

房地产市场是指房地产商品交换的领域和场所。房地产作为商品生产出来以后，必须通过流通领域进行市场交换，才能进入消费。从房地产再生产过程来看，房地产市场属于房地产流通领域。同时，房地产商品的交换又必须在一定的场所内进行，例如，在售楼处或房地产交易中心，买卖双方签订成交协议，办理相关手续。从这个意义上说，房地产市场也是房地产商品交易的场所。

更进一层说，房地产市场是指房地产商品一切交换和流通关系的总和。其内涵既包括土地、房产及相关的劳务服务的交易行为，又包括土地所有权和使用权的有偿转让、房地产买卖交易，以及租赁、典当、抵押等各类经济活动，从经济关系分析，房地产市场是所有这些交换和流通关系的综合，体现了市场中的当事人之间错综复杂的经济利益关系。

房地产市场是房地产经济运行的载体。健全的房地产市场，是房地产市场赖以生存和发展的基础和必要前提；是房地产企业运行不可缺少的外部环境，也是完善社会主义市场经济体制，促进社会经济健康发展的重要保证。我国在 20 世纪 80 年代以后，市场化导向的改革，明确房地产的商品性，房地产市场日渐繁荣，带来房地产市场的大发展，有力地促进了国民经济增长。这个事实印证了房地产市场的重要性。

从房地产市场在市场体系中的地位分析，房地产市场同生产资料市场、生活资料市场、金融市场、劳动力市场、技术市场和信息市场一样，也是社会主义市场体系中一个不可缺少的重要组成部分，发挥着其他市场不可替代的重要作用。

1.2.2 房地产市场的构成要素

房地产市场是由一个多种要素构成的系统，其中的各个要素之间相互作用、相互联系，从而构成一个完整的房地产市场。房地产市场的基本构成要素主要包括房地产市场主体、客体和为市场交易提供服务的中介机构。

通常,房地产市场体系由四部分组成,如图1-1所示。一是以供求双方为中心的房地产交易系统,该系统主要由房地产供给者和房地产需求者组成,是房地产市场体系的主体;二是以中介服务机构为中心的房地产支持服务系统,主要包括房地产评估、房地产经纪、房地产金融、法律服务等;三是以政府管理部门为中心的房地产调控和管理系统;四是以业主为中心的物业服务系统。

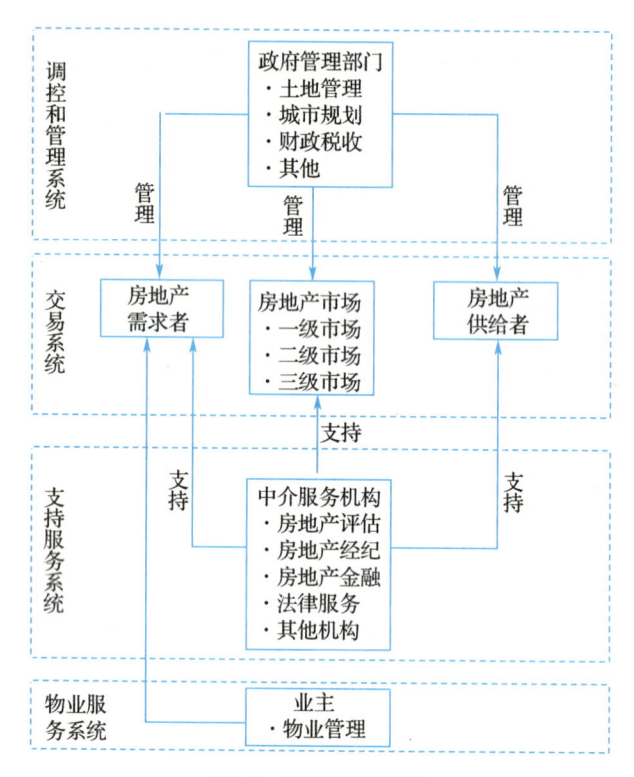

图1-1 房地产市场体系

1.2.3 房地产市场的分类

房地产市场可以根据结构层次划分为一级市场、二级市场和三级市场。

（1）房地产一级市场,又称土地一级市场,是土地使用权出让的市场,即国家通过其指定的政府部门将城镇国有土地或将农村集体土地征用为国有土地后出让给使用者的市场。出让的土地,可以是生地,也可以是经过开发达到"七通一平"的熟地。房地产一级市场是由国家垄断的市场。

（2）房地产二级市场,主要是房地产增量市场,是土地使用者经过开发建设,将新建成的房地产进行出售和出租的市场,即一般指商品房首次进入流通领域进行交易而形成的市场。房地产二级市场也包括土地二级市场,即土地使用者将达到规定可以转让的土地进入流通领域进行交易的市场。

（3）房地产三级市场，主要是房地产存量市场，是购买房地产的单位和个人，再次将房地产转让或租赁的市场。也即房地产再次进入流通领域进行交易而形成的市场，也包括房屋的交换。

房地产二级市场可以说主要体现了房地产物质生产过程。三级市场是平等市场交易主体公开、公平交易房地产产品及其权利的市场。三级市场的交易主体和交易内容及方式等更加丰富多彩和灵活多变，它们是房地产市场被划分为第三产业的主要标志。房地产市场结构层次见表1-1。

表1-1　　　　　　　　　　房地产市场结构层次

级别	具体内容
一级市场	土地征购市场
	土地批租市场
二级市场	房地产转让市场
	房地产租赁市场
	房地产抵押市场
	房地产信托市场
三级市场	房地产租赁市场
	房地产买卖市场
	房地产调换市场
	房地产典当市场
	房地产按揭市场
	房地产拆迁市场
	房地产租售后服务市场
	物业管理市场

房地产三个级别的市场是相互促进、相互并存的。一级市场是国家垄断的出让市场，二级市场是开放的转让市场。一级市场是二、三级市场成长、发展的前提和基础。一级市场的交易量将在很大程度上决定二级市场的交易量，二级市场的活跃必然促进三级市场的兴旺。一级市场的垄断经营和二、三级市场的充分自由竞争，共同构成一个完整的、有机的房地产市场体系，发挥整体功能，促进房地产资源的优化配置和房地产市场的繁荣发展。

1.3　中国房地产市场的发展

当代中国的房地产市场，是随着改革开放和现代化建设的进程而逐步发展的。从党的十一届三中全会召开至今,房地产市场经历了复苏、初步发展、快速发展、盘整消化和调整发展到持续发展等主要阶段,正处在从不成熟逐步走向成熟的过程之中。

1.3.1 房地产市场的复苏阶段(1979—1984年)

这一阶段的主要特点是:

1. 初步明确房地产的商品性,迈出住房体制改革的步伐

1978年底,党的十一届三中全会确立了改革开放和以经济建设为中心的基本方针,1979年经济体制改革开始启动。1980年邓小平关于发展建筑业和住房制度改革的谈话,首次提出了住房可以买卖的商品经济思想,接着在全国开展的关于住房商品性的大讨论,明确了住房商品化的路子,为房地产市场的发展逐步扫清思想障碍。1980年6月,中共中央、国务院在批转《全国基本建设工作会议汇报提纲》中,正式提出实行住房商品化政策,准许私人建房、私人买房,准许私人拥有自己的住宅,并进行公有住房出售的试点。我国由此迈开了改革房地产经济体制,发展房地产市场的步伐。

2. 房地产作为商品开始经营性运作

20世纪80年代初,深圳、广州、上海、北京等一些大城市的政府主管部门试验性地组建几家房地产开发公司,商品房开发经营主体开始出现。住房建设投资主体也开始向多元化发展,发挥国家、地方、企业、个人四个方面的积极性,广开门路,加快住宅建设,鼓励个人购建住房。截至1985年,全国已有27个省、自治区、直辖市中的160个城市和3000个县进行了公有住房补贴出售试点工作,有1000多万平方米公有住宅出售给了城镇职工。在公有住房出售试点的同时,从统建住房中又拨出部分新建住宅,以优惠价出售给职工。住房的商品性经营开始启动。

3. 住宅建设恢复性启动,出现新的生机

为解决多年累积的职工住房困难问题,各城市政府开始重视职工住宅建设,成立住宅建设办公室或房地产开发经营公司,划拨资金建房;一些企事业单位也纷纷自筹资金、自建住宅,其中一部分以优惠价补贴出售给职工,另一部分以市场价向社会出售;有些外向型城市还开发侨汇房、外销房,满足侨胞侨眷和外商的居住需要。

从总体上看,这一阶段突破了长期以来计划经济的禁锢,房地产市场从停滞萎缩开始复苏。

1.3.2 房地产市场的初步发展阶段(1985—1991年)

1984年10月党的十二届三中全会作出《关于经济体制改革的决定》,将改革的重点由农村转向城市,逐步明确了市场化导向改革的思路,为土地使用制度改革和住房制度改革指明了方向,推动了房地产市场的初步发展。这一阶段的主要特点是:

1. 土地使用制度改革起步,土地供应一级市场开始形成

土地是房地产的物质载体,土地市场也是房地产市场的基础性市场,改革开放的展开势必涉及土地使用制度。改革的内容是,在坚持城市土地国家所有的前提下,实行所有权与使用权分离,转让土地使用权,逐步变无偿、无期限使用为有偿有期限使用。这一改革,首先是从中外合资、合作企业收取土地使用费开始的。1985年,在外资经济进入较早的深圳、广州、上海等地,率先对三资企业开征土地使用费,迈开了历史性的一步。接着又进行土地批租试点,1988年上海推出的虹桥经济技术开发区26号地块作为第一批批租土地,向国际招标,获得成功,在全国迅即推开,到1991年在一些大中城市中已初步形成了外销的土地供应一级市场,为日后的土地市场全面形成积累了经验。

2. 住房制度改革积极推进,住房商品化开始实施

在逐步明确住房商品性的基础上,住房制度改革实质性启动。开始时以"提租补贴"的思路进行改革,1987年在烟台、蚌埠、唐山三城市进行试点。1988年8月召开了第一次全国住房制度改革工作会议,印发《关于全国城镇分期分批推行住房制度改革实施方案》,提出全国房改分两步实施:第一步目标是,全国所有公房均按折旧费、维修费、管理费、投资利息、房产税五项因素的成本租金计租,抑制不合理的住房要求,促进个人购房,初步实现住房商品化。第二步目标是,随着工资调整,逐步把住房消费纳入工资,进入企业成本,在逐步增加工资和住房由成本租金提高到商品租金的基础上,进一步实现住房商品化,推动住房社会化、专业化、企业化经营。根据这一方案,到1990年全国共有12个城市、13个县镇出台了提租补贴为主要内容的住房制度改革方案,公房租金水平从每平方米使用面积0.08元~0.13元提高到每平方米1.2元左右。1991年,北京、上海等地又出台了住房制度改革实施方案,其基本原则是逐步实现住房商品化和自住凭其力,改变低租金、无偿分配住房的制度;建立国家、集体、个人三结合筹资建设住宅的机制,改变由国家、集体包下来的建房办法。上海的方案,还借鉴新加坡的经验,率先建立了住房公积金制度,以后在全国广泛推行。提租补贴以抑制住房不合理需求为主的思路,也就转变为增加住房供给为主、抑制住房不合理需求为辅的思路。同时,各地多种形式的房改实践,推动了房改措施的多样化。1991年6月,国务院发出了《关于积极稳妥地推进住房制度改革的通知》,提出了分步提租、交纳租赁保证金、新房新制度、集资合作建房、出售公房等多种形式推进房改的思路。同年10月召开的第二次全国房改工作会议,肯定了上海等地的做法。住房制度改革把住房分配与增加住宅供应结合起来,从体制上为房地产市场的发展起到了保证和推动作用。

3. 房地产开发规模扩大,房地产市场获得初步发展

在土地使用制度改革和住房制度改革的推动下,随着城市建设的展开,城镇房地产开发建设规模扩大,土地出让面积增加,商品房开发投资额上升,住房竣工面积和销售面积增多。

这一阶段的土地使用制度改革和住房制度改革的起步,促使房地产市场获得初步发展。

1.3.3 快速发展阶段(1992—1995年)

1992年春,邓小平视察南方,发表了重要谈话,创立了社会主义市场经济理论,同年10月,党的十四大根据邓小平理论确立了中国经济体制改革的目标——建立社会主义市场经济体制,极大地解放了生产力,市场需求快速增加,推进房地产市场出现第一个快速发展时期。这一阶段的主要特点是:

1. 土地使用制度改革取得突破性进展

一方面,外资企业批租地块快速增多,有的地区甚至成几倍、几十倍地增加,以上海市为例,1992年至1996年,共批租地块1301幅,9365公顷土地进入土地一级市场,分别是1988年至1991年批租幅数和面积的108倍和9.6倍。另一方面,加大了内资企业土地有偿使用的改革力度,规定新增的商业、旅游、娱乐、金融、服务业、商品房等内资六类用地,都必须通过土地出让取得土地使用权,扩大了土地有偿使用的覆盖面。土地使用制度改革深化,吸引了大量外资和内资,加快了城市基础设施建设的步伐,同时也为房地产的市场化经营奠定了基础。

2. 城镇住房制度改革向纵深发展

在确立改革的目标是建立社会主义市场经济体制以后,明确了住房制度改革的根本方向。1994年7月,国务院发布了《国务院关于深化城镇住房制度改革的决定》(以下简称《房改决定》),第一次明确提出城镇住房制度改革是经济体制改革的重要组成部分,其根本目标是建立与社会主义市场经济体制相适应的新的城镇住房制度,实现住房商品化、社会化;加快住房建设,改善居住条件,满足城镇居民不断增长的住房需求。全面规定了住房制度改革的基本内容,包括住房投资体制改革、住房分配体制改革、住房管理体制改革、住房保障体系建设、住房供应体系建设、发展住房金融和住房保险、规范房地产市场等。确立了坚持配套、分阶段推进的基本方针,提出了当时改革的任务:全面推行住房公积金制度,积极推进租金改革,稳步出售公有住房,大力发展房地产交易市场和社会化的房屋维修、管理市场,加快经济适用房建设。

《房改决定》的实施,完善和规范了房改政策,推动了全国房改的深入进行。到1997年,住房公积金制度已在全国大中城市普遍建立,租金改革逐步提升到成本租金水平,公有住房大量出售,住房自有率迅速提高,大大加快了住宅建设。

3. 房地产开发规模迅速扩张

突出表现在房地产开发企业数量猛增,各行各业参与房地产开发,商品房投资规模迅速扩大,施工面积、新开工面积和竣工面积大幅增加。与此同时,也出现了过热现象,突出表现在商品房供过于求,空置面积和空置率迅速上升,造成商品房严重积压;住房供给结构失衡,高档房和花园别墅开发过多,出现烂尾楼,造成资金积压,银行不良资产增加,由此房地产市场进入低迷和调整阶段。

这一阶段在市场经济推动下,改革的深化促使房地产市场发展出现第一个高峰期,同时也带来了增速过快的问题。

1.3.4 盘整消化和调整发展期(1996—2000年)

20世纪90年代上半期,房地产开发投资规模过大,引发空置率上升,房价下跌,从1996年开始,房地产市场进入盘整消化期,着重进行调整,采取了一系列政策,促使房地产市场走出低迷期,得到复苏和继续发展。

1. 压缩商品房开发投资规模,平衡供求

针对房地产开发投资规模过大,上市量集中,吸纳量不足的阶段性、结构性矛盾问题,普遍采取了控制土地供给总量、调整房地产投资结构等措施,使土地供应量相对减少,投资规模缩小,有的大城市连续三年房地产投资出现负增长,由此缩小了供给量。同时,又调整房地产投资结构,对土地供应实行总量控制和用途管理相结合的对策,形成外资用地以工业为主、内资用地以住宅为主的投资结构,使房地产市场供给保持适度水平,市场供求关系逐步趋向均衡。

2. 深化住房分配制度改革,扩大商品房市场需求

20世纪90年代中期出现商品房供给过剩、市场需求不足这一现象的深层原因,关键在于"实物福利分房"体制的障碍,反映在一方面职工住房水平低,另一方面出现商品房滞销、大量空置的矛盾现象。为此,必须加快住房分配制度改革。1998年7月,国务院发布了《国务院关于进一步深化城镇住房制度改革加快住房建设的通知》,根据这一通知,各省市都制定了住房分配货币化方案,切断了对实物福利分房的依赖,把职工推向房地产市场,调动了职工的购房积极性,同时,货币化补贴又增强了购房支付能力,扩大了市场需求。住房分配货币化改革释放了巨大的住宅市场需求能量,成为促进房地产市场发展的驱动力。

3. 建立住房抵押贷款制度,支持居民买房

房地产是超耐用消费品,价值量巨大,完全依靠个人和家庭资金积累购买是难以承受的。为此,我国借鉴国外的经验,建立个人住房抵押贷款制度,包括商业性贷款和公积金贷款业务,支持居民购房。"负债消费"观念的逐步树立对扩大市场需求起到了积极的推动作用。

4. 培育住宅业成为新经济增长点,促进国民经济增长

1997年,全国的市场供求关系发生了深刻变化,普遍出现了市场需求不足的状况,拓展住宅消费成为扩大内需、拉动经济增长的重要方面,为此中央提出培育住宅业成为新经济增长点的发展战略,并采取一系列政策措施,包括降低契税、购房贷款利息抵扣个人所得税、增加贷款购房成数、已购公房上市、鼓励外地人购房等,积极扩大住宅市场需求。同时,放开搞活二、三级市场,拓展巨大的存量房市场,鼓励居民"卖旧房,购新房"。房地产二、三级市场联动又一次扩大了住宅市场。由此出现了新建商品房与存量房市场共同繁荣的局面,住宅业充分发挥了国民经济新增长点的作用。

这一阶段的房地产市场发展出现前低后高的状况,以扩大市场需求为主,适当压缩供给为辅,调整房地产供求关系,促进房地产市场在调整中获得继续发展,从 1998 年开始走出低迷阶段,到 1999 年、2000 年又逐步趋向繁荣。

1.3.5 持续发展的繁荣阶段(2001—)

1. 房地产市场蓬勃发展的原因

经过前期的调整和制度完善,进入 21 世纪,从 2001 年开始,中国房地产市场出现了空前的持续发展的繁荣局面。形成这一局面的主要原因在于:

(1)深化住房制度改革的发动力。住房分配货币化的改革,一方面,停止实物福利分房,切断了依赖政府和单位分房的渠道,树立起"要住房靠市场"的观念,调动了居民购房的积极性;另一方面,住房分配货币化补贴和已购公房出售,增强了居民购房能力,促使居民买得起房,由此释放了居民住房消费能量,使潜在需求转化为有效需求。

(2)宏观经济态势良好、居民收入增长形成的需求拉动力。

(3)居民消费结构升级的内在驱动力。随着经济发展和收入提高,城镇居民的消费结构发生深刻变化,住和行特别是住房消费上升到主要地位,改善居住条件成为普遍愿望。

(4)住房消费信贷支持的助动力。住房消费信贷规模扩大,个人住房抵押贷款大幅增加,贷款品种增多,使贷款购房获得强有力的支持。

(5)城市化进程加快的外在带动力。随着城镇人口增加,进城打工人员增多,住房市场需求旺盛。

(6)对外开放扩大的推动力。21 世纪初,中国加入世界贸易组织,北京申奥成功,上海申博成功,标志着中国对外开放进入新阶段。新阶段必然带来许多商机,外商来华投资增多带动厂房、商铺和办公房需求增加;同时外商增多,也使外销和租赁的住房需求增加,促进住宅业发展。所有这些因素都推动了房地产市场走向繁荣。

2. 房地产市场发展的基本特点

(1)住房消费形成热潮,中等收入者成为购房主体。20 世纪 90 年代,购房者主要是中高收入和高收入者;进入 21 世纪以来,中等收入者纷纷进入房市,成为购房主体,个人购房比例大幅提高,住宅市场真正成为百姓市场,这是房地产市场兴旺发达的主要标志。

(2)房地产投资快速增长,市场基础牢固扎实。住宅市场需求旺盛,带动了房地产投资快速增长。房地产投资趋向理性化,即在投资时重视市场调研和项目的目标市场定位,使房地产开发投资建立在坚实的市场需求基础上,形成市场需求拉动投资的新局面。

(3)商品房销售旺盛,形成供求两旺的新格局。与 20 世纪 90 年代那种供给过剩、大量空置的情况根本不同,住房消费需求旺盛,全国商品房销售面积曾连年超过竣工面积,出现了供需两旺的市场格局。这反映了房地产市场逐步走向成熟。

(4)存量房交易迅速攀升,向着房地产市场主体方向发展。延续 20 世纪末的趋势,在房地产二、三级市场联动的推动下,存量房交易大幅增长,某些大城市存量房交易量已接近新增商品房交易量,表现出日渐成为市场交易主体的态势,这是房地产市场成熟的重要标志。

(5) 住房数量扩大与质量提高并重,整体向着质量效益型转变。住房供给量和销售量迅速增加,房地产市场也已达到较大规模,目前的中国已成为世界上住宅建设和住宅消费规模最大的国家之一。与此同时,住房的建筑质量、外形、房形、智能化程度、人文价值、生态环境等也大为改善,整体品质有了很大提高。

(6) 房地产市场对经济增长的贡献率显著提高,逐步成长为支柱产业。

1.4 政府对房地产市场的宏观调控

1.4.1 宏观调控的界定

宏观调控是一个借鉴西方经济学的概念,西方叫作国家干预(State Interference)或政府干预(Government Intervention)。从最广泛的定义上看,政府干预包含政府对契约自由的一切干预,即政府干预在很大程度上等同于重新分配利益和好处而修正法律规定的调节政策。而宏观调控这一概念是由我国学者在党的十四大以后才开始使用的,宏观调控属于宏观经济范畴。政府干预和宏观调控的关系如图1-2所示。

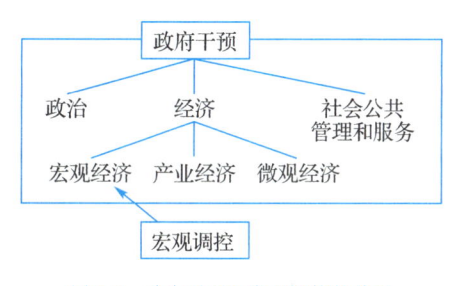

图 1-2 政府干预和宏观调控的关系

宏观是英文 macro 的意义,源于希腊文 makro,本意是大。在经济前面冠之以"宏观",旨在强调它是一种高层次的、带全局性的经济活动。宏观调控是指在市场经济条件下,政府从宏观经济的角度,主要运用经济手段、法律手段,并辅之以必要的行政手段,为保持国民经济向着预期目标发展,维护经济健康运行所进行的调节和控制。宏观调控是以市场发挥配置资源的基础性作用为前提的,市场配置资源与政府宏观调控,是市场经济体制的一对范畴,二者相辅相成,相互作用。

宏观调控的主体是政府,调控的对象是市场经济运行,调控的手段主要是经济手段和法律手段以及必要的行政手段。在经济手段上,宏观调控主要指经济总量平衡、金融、财政政策和计划手段以及各种经济杠杆,包括总投资、总消费、总储蓄、总就业、总供给、总需求,也包括重大经济结构和比例关系,以及价格、税收、信贷、工资、利润、利息、汇率等。宏观调控包括经济总量和经济结构两个方面,具体内容包括:一是保持国民经济向着预期目标发展,即相对长期性;二是维护经济健康运行,搞好即期调控,熨平经济周期,防止大的波动。调控的目的是保持市场的平衡和国民经济的持续、稳定、快速、健康发展。

对房地产业来说,房地产宏观调控是指国家以经济、法律和行政等手段,从宏观上对房地产市场进行指导、监督、调节和控制,以实现房地产市场总供给和总需求的基本平衡、供给结构和需求结构的整体优化的管理活动。

1.4.2 房地产宏观调控政策的性质

1. 变动性与相对稳定性

房地产宏观调控政策以房地产业的稳定和发展为基本目标,因此不但要求政策准确,而且还要求其稳定。政策只有保持前后一致的稳定才能为房地产业提供稳定的发展环境,才能促进房地产市场的繁荣和不断发展。同时,房地产政策既具有稳定性的一面,也有变动性的一面。当房地产市场环境、政策资源发生变化,原有的政策失效或产生了新的问题,房地产调控政策就要随之发生改变,这是毋庸置疑的。因此,房地产宏观调控政策的稳定性和变动性是辩证统一的,稳定是相对的,不是僵化不动的,是包含合理变动的稳定;变动是有根有据、有程序的相对变动,变动必须遵循规律,保持前后连续性,做到变中有稳。

2. 公平性和效率性

公平和效率本身就是一对矛盾。房地产宏观调控也存在这样的问题,只考虑效率忽视公平是不可以的,但只考虑公平不顾效率也同样行不通。如果只考虑效率就会使低收入者流离失所,造成严重的社会问题;只考虑公平则不利于市场经济发展,又会回到过去计划经济时期。因此,政府制定房地产宏观调控政策时,要使二者协调起来,找到结合点,实现兼容。政府对房地产宏观调控政策的制定既要按照市场规律办事,讲究公平,又要考虑中低收入者住房的需要,完善我国的住房保障制度,兴建经济适用住房和廉租房来满足中低收入者的需要。

3. 强制性

房地产宏观调控政策的强制性源于公众利益的差异性和多层次性,公众的利益要求不同,满足一部分人的利益就有可能满足不了另一部分人的利益要求,因此,政策一旦执行就不可能完全消除利益上的差异性、层次性,那些利益要求得不到满足、利益受到损害的群体,就会明显地感受到公共政策某种程度的强制性。

4. 时滞性

宏观调控的时滞性,是指从宏观经济运行态势出现变化到调控主体制定、实施有关调控政策,再到所实施的调控政策通过一定的传导机制发生效应而实现调控目标的这段时间间隔,亦称为宏观调控过程中的时间滞后。调控时滞可以分为内部时滞和外部时滞。内部时滞是从宏观经济运行态势发生变化到调控主体实施调控行为的这一段时间间隔。

内部时滞又分为识别时滞、决策时滞和实施时滞。外部时滞是调控主体的调控行为实施以后，从有关市场主体调整其经济行为、有关经济变量发生变化到对宏观经济运行态势产生影响、实现一定调控目标的这一段时间间隔。

房地产宏观调控政策的运行也存在政策时滞。房地产政策运行包括政策制定、实施、评价、反馈和调整五个阶段。每个阶段既是动态博弈的过程，又是信息收集、处理、传递和信息解码的过程，因此每个阶段都存在时滞性，这种时滞既包括正常的时滞，又包括非正常的时滞。所谓正常的时滞，是指政策正常运行过程中在时间上、效果上和空间上的时滞；非正常的时滞是政策难以正常运行而产生的时滞。房地产业创新能力强，创新速度快，从而会使房地产政策落后于房地产业发展的实际情况。由于政策作用时滞的存在，一般情况下，房地产宏观调控效果的全面反映，必然要在政策实施后的一段时间，甚至以年计算的较长时期才能完全显现。

5. 政策效力不确定性

所谓效力不确定性，是指房地产宏观调控政策在何时发挥作用、发挥作用的时间有多长、影响范围有多大、何时反映到市场指标上来、开发商和购房者的行为会如何变化、市场主体行为调整的速度有多快、行为幅度有多大、行为调整是由哪项政策引发的等，这些问题在制定房地产宏观调控政策时难以事先确定，这些问题的确会受到多方面力量的影响和制约，这就是政策效力的不确定性。即使是同样一项政策，在某个时期产生了这种作用，可能会在另一个时期产生另一种影响，到底产生何种作用，事先是难以确定的。可以说，除了不确定是确定的以外，其他一切都是不确定的。

6. 相互协调性

房地产宏观调控政策有很多种，包括财政政策、金融政策、产业政策、外汇政策、土地政策，以及各政策内部的细化政策等，各政策出自不同的政府部门，其着眼点、侧重点和考虑问题的角度必然有差异，政府各决策主体出台的政策必须相互配合才能实现预期的调控目标。目前，我国房地产宏观调控政策出自不同部门，各种不同政策相互作用、相互影响，只有相互配合才能取得理想的政策效果。

1.4.3 房地产宏观调控的目标

我国政府对房地产市场进行宏观调控的目标分为根本性目标、中长期目标和短期目标。这是根据时间长短进行划分的。根本性目标可以说是最终目标，中长期目标是根据我国目前的具体情况在长期时间内需要实现的目标，短期目标是离现实情况最近的一级目标，是迫在眉睫的必须实现的目标。

1. 根本目标

房地产宏观调控的根本目标就是最终目标，我国政府制定房地产宏观调控政策的根本目的就是使我国人民安居乐业，实现全体人民居者有其屋的理想。这个目标不会因为不同时期、不同领导人的改变而改变，而且其他任何阶段的目标都是围绕着这个目标根据具体的情况而展开的。

2. 中长期目标

我国房地产宏观调控的中长期目标是解决产业发展的深层次矛盾,重构房地产市场的价值体系和基本框架。同时中长期目标也是一个不断发展的动态的过程。就目前的中长期目标来看,是使房地产供求均衡,保证房地产市场持续稳定健康发展;促使房地产经济与国民经济发展和居民生活水平提高相协调;建立完善的住房保障体系。具体来说,我国房地产宏观调控的中长期目标要以资源和环境的制约为前提,合理分配社会资源,协调推进住房建设,科学、合理地确定我国城市建设和住房建设的各项指标;要坚持住房市场化的方针,坚持完善市场体系的建设,保持市场总体的供需平衡,抑制房价的过快增长;要坚持住房多渠道的供应体系,着力加大经济适用房和廉租房的规范建设,加快住房保障制度的建立;要大力推进住宅产业的自主创新,提高住宅产业化的水平,提高住宅科技含量,真正用科技的手段,实现住宅消费从单纯的追求数量到追求质量的转变。

3. 短期目标

在现阶段,房地产市场宏观调控的主要目标应该是:保持市场供求总量的基本平衡,促进市场结构的优化,从而促进房地产市场的持续、快速、健康发展。

(1) 供求总量的基本平衡

尽量减少房地产供求总量的非均衡程度,实现房地产市场供求总量的基本平衡,是目前房地产市场宏观调控的首要目标。要通过年度土地供应、信贷计划等调控手段对房地产市场特别是住宅建设实行总量控制,保持房地产市场供求关系相对平衡,避免房地产市场大起大落和对土地环境资源的过度开发,形成一个有限度的买卖市场。市场经济本身虽然也能通过价格弹性等进行自我调节,但由于市场机制本身的局限性,政府有必要从全局的高度运用各种手段,对房地产市场进行积极、主动、即时的宏观调控,以便有效地把握总量的平衡。

(2) 优化房地产结构,实现结构的基本平衡,提高资源配置效率

优化结构的目标是产品适销对路,实现有效供给与有效需求的均衡。根据社会消费水平和市场即期需求,合理确定各种类型、不同档次商品房之间的供应数量,在重点保障适应广大中低收入者的住房供应同时,兼顾社会各层次的住房需求,实现社会和谐发展。

(3) 抑制投机活动

把房地产市场上的投机活动抑制在一定程度之内,或者完全遏止投机行为,是政府房地产市场宏观调控的最经常目标。针对房地产市场投机行为的抑制性政策则是房地产市场中最常见的政策。房地产市场上投机行为包括商品房的炒作买卖和房地产开发投资过热,其共性是没有正常市场消费需求基础。这些投机行为的存在,一方面可以给房地产市场集聚更多的资金,增加市场获利;另一方面可以引发房地产投资过热,市场炒作过度,导致房地产价格偏高,严重时可能形成影响经济正常运行的房地产泡沫。

(4) 初步建立住房保障制度

政府为了实现房地产所包含的公共利益或价值,按照公共产品由公共提供的原则,通过有关公共政策参与和调节房地产的供应,为部分居民提供一定的房地产消费福利,由此引起部分居民房地产消费水平的相对提高,享有基本的住房消费福利,使市场供求均衡得

到优化和保障,体现的是房地产福利保障目标。理论上政府的房地产福利保障使房地产的公共价值得到充分实现,居民享受与经济发展水平协调一致的住房福利,住房资源得到最优配置,市场达到最优均衡。简单说就是居民房地产消费水平不滞后或超前于其他商品消费水平。

(5)抑制房价过快增长

一般来说,房价是房地产市场的核心,是房地产市场健康的"晴雨表"。稳定房价是近几年房地产宏观调控政策的核心,也成为此次房地产宏观调控的热点和焦点目标。我国目前的房价增长过快,已经超出了大多数普通百姓的经济承受能力,政府针对这个问题,首先要控制房价的增长速度,然后有区别地调整房价。对那些房价上涨过高的城市,比如上海、北京、深圳等,应该适当地挤出房价中的泡沫成分,使这些地区的房价能够适当地降低,与当地的购买力水平相当;对于那些与当地购买力水平相比房价稍低的城市,应该留出这些城市房价上涨的空间。

1.4.4 房地产宏观调控主要政策

房地产宏观调控政策主要包括经济政策、行政政策和启发引导政策。房地产宏观调控是以经济政策(主要是货币、财政等经济政策)进行调节,以行政政策(主要是规划、计划等)进行管理和指导,以启发引导政策(信息、舆论等)进行引导,使房地产业与国民经济协调发展,良性互动,为人民生活水平提高和社会发展提供更好的条件。各种手段各有所长,各具特色,相互联系,相互补充,共同构成了房地产宏观经济调控政策(手段)体系,如图1-3所示。

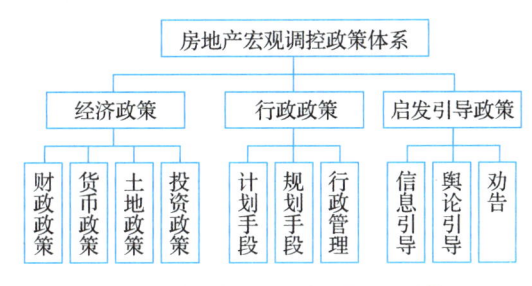

图1-3 房地产宏观经济调控主要政策

1. 经济政策

经济政策手段是指通过调整各市场主体的物质利益关系,影响经济行为的一种宏观管理政策手段。具体来说,指政府通过货币、财政、土地等经济机制引导房地产经济健康运转,并使之与国民经济和城市建设发展相协调,实现房地产总量供需的动态平衡。

(1)财政政策

财政政策一般主要包括两个方面:一方面是政府的财政收入政策,这里主要指房地产税收政策;另一方面是政府的财政支出政策。财政政策手段就是国家利用财政收支的各种工具,有规则地调节国民收入分配的方向和规模,以实现预定的社会经济目标的各种政策手段。对于房地产业来说,财政政策主要指房地产税收政策。

房地产税收政策是指政府凭借国家政权的力量,通过税率的调整、税种的废立以及税率的高低等措施介入房地产收益的初次分配和再分配过程,进而影响房地产经济的各种活动。

我国目前有关房地产税费的主要内容:一是房地产开发流通环节的税费,主要包括:①前期税费:土地出让金、城镇土地使用税(费)、土地开发费、市政配套设施费、契税等;②报建阶段税费:建设工程许可费、建设工程备案费、施工许可报建费(包括安检费、质检费、试桩费、造价审核费、墙体基金、水泥基金等);③建设阶段税费:营业税、城建税及教育费附加、印花税、质检费和工程管理费等;④销售阶段税费:营业税、城建税及教育费附加、转移登记费、印花税、土地增值税、契税等。二是房地产保有阶段的税费,主要有:城镇土地使用税、房产税或城市房地产税(外资)。

(2)货币政策

货币政策是指一个国家的中央银行通过一定的措施调节货币供应量,进而对货币的供给和需求产生影响,最终达到对国民总产出水平进行调节的目的。

房地产业与金融业有着千丝万缕的联系。一方面,房地产业的发展离不开金融业的大力支持。在房地产业发展过程中,金融业发挥着筹集资金、融通资金的造血功能,同时通过信贷杠杆对房地产市场发挥调控作用,调整房地产业的发展方向和生产结构。另一方面,房地产业也成为金融业资金投放的重要领域,房地产业成为金融业的"晴雨表"。

货币政策对房地产经济的调控对象主要有三个方面:一是控制货币发行量,以保证货币供应适应房地产业发展的需求;二是控制房地产业的投资规模,防止投资膨胀;三是控制房地产信贷总规模,防止信贷膨胀。核心是控制货币供应量。常用的房地产货币政策工具包括:利率、公开市场业务、法定存款准备金率、再贴现率等。

银行信贷对房地产市场起着启动和制动作用,主要通过信贷限制及利率调整,控制资金投放房地产业的数量和结构,从而影响房地产业发展。房地产信贷是保证房地产开发顺利进行的重要经济条件,对房地产金融实施干预是各国政府在宏观上对房地产开发进行调控管理的重要政策手段。其主要做法有:①提供抵押贷款担保。②对不同收入层次的居民提供不同优惠程度的住房贷款。③通过政府的影响力,银行收紧信贷、调整抵押贷款比例和抵押利率。

我国房地产企业的经营资金一半以上来自银行贷款,这样利率便成了影响房地产企业效益的敏感因素。银行存贷款利率低,企业资金成本低,就会刺激对房地产的投资;而银根紧缩、利率较高,投资者相对利润少,就会抑制房地产的开发。另外,存贷款利率低也会刺激住房的消费,因存款利率低,存款利息低于房租,居民认为购房合算,购房热情高;贷款利率低,居民个人可以获得低息的优惠抵押贷款用于买房,买房欲增强。反之,存贷款利率高,资金存入银行,利息收入高,不便于激发居民购房,此时居民若贷款买房,其还贷压力也大。在存贷款利率一再下调的形势下,房地产市场供求关系得到了调整。

(3)投资政策

投资政策是指对投资主体投资的总量和结构进行调节和控制的一种手段。投资调控是复杂的,需要计划、财政、金融、价格等各调控手段综合配套运用。当前我国房地产采取的投资政策包括:

①把房地产开发投资纳入国家固定资产投资计划和国民经济发展中长期计划。房地产投资规模应在固定资产投资计划内实行综合平衡。

②强化房地产投资结构调控。

③把外商投资房地产总量与结构纳入全国房地产业总量与结构计划。

④建立科学的房地产项目审批制度和投资信息监测及发布系统。

(4)土地政策

土地政策是指国家、政府、政党或单位为实现土地资源优化配置而制订的计划或行动准则。由于土地是人类生存和发展不可替代的资源,所有国家都将土地政策作为治国安邦的重要政策。目前,政府运用土地政策参与国民经济宏观调控,主要是通过城市土地国家所有、土地用途管制、农地转用、建设用地统一供应等制度,使政府对土地市场有较强的调控能力。政府可以通过调节土地供应总量、安排不同的土地用途来抑制或鼓励市场需求,有效地引导投资、消费的方向和强度,实现经济运行调控的目标。

我国土地的基本国情和土地制度,决定了土地利用政策对房地产市场具有重大影响。自2003年中央将土地管理作为宏观调控的重要手段以来,土地供应政策对房地产市场的影响力进一步凸显。土地利用政策的每一次调整,都会引起房地产供应总量、结构和价格的调整,引起房地产开发主体和消费主体对未来前景预期的调整。

①土地供应总量对房地产市场的影响:土地供应总量对房地产市场有两方面的影响,一是房地产产品的供应总量,二是生产和消费预期,但影响力的时效不同。对房地产产品的供应,由于房地产开发周期的原因,要在1~2年之内才能显现,但对投资和消费的影响却是当期的。

②土地供应结构对房地产市场的影响:土地供应结构对房地产市场的影响来自两方面:一是供应土地对应的房地产产品结构,如别墅、公寓、普通住宅等;二是供应土地的区位分布。供应土地对应的房地产产品结构先对不同类别的房地产供需平衡产生影响,后对房地产价格产生影响。供应土地的区位分布先影响房地产市场的统计价格,后影响房地产供应的产品结构。

③土地供应方式对房地产市场的影响:根据法律法规规定,对商品房实行有偿用地制度,即政府通过出让土地给开发商,以用于房地产开发,对经济适用房采取行政划拨方式供应土地。在土地供应总量确定的前提下,出让与划拨的多少对房地产市场的供应结构产生明显影响,出让土地多意味着商品房供应总量的增加,划拨土地多意味着经济适用房供应总量的增加。

④管理政策对房地产市场的影响:土地管理部门对房地产市场的管理主要是对开发商履行出让合同情况的监督、土地使用权转让的管理和对闲置土地的处置等,这些管理政策影响着房地产供应的节奏和进度。

2. 行政手段

行政手段，是国家通过行政机构，采取带强制性的行政命令、指示、规定等措施，来调节和管理经济的手段。行政政策主要包括计划手段、规划手段和行政管理手段三个方面。

（1）计划手段

计划一般分为长期计划、中期计划和年度计划。长期计划指房地产业发展远期战略性计划；中期计划是长期计划的阶段性计划，主要任务是对计划期内发展目标及实现目标的条件进行预测，并提出重要政策措施。年度计划主要有年度建设用地计划和年度信贷投放计划。房地产各时期计划具体如图1-4所示。

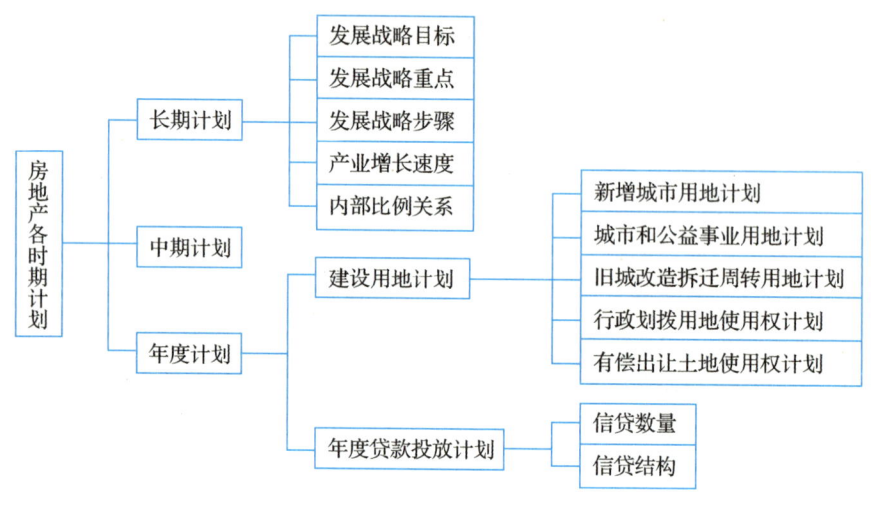

图1-4　房地产各时期计划

（2）规划手段

规划手段可以分为四个层次：国土规划、区域规划、土地利用总体规划和城市规划。其中，城市规划对房地产业发展调控的作用最直接、最具体，也最具有影响力，是房地产经济活动的基本依据。城市规划对房地产开发调控的主要内容包括：用地使用控制、建筑控制、环境容量控制、设施配套控制、形体景观控制。

（3）行政管理手段

房地产行政管理手段主要包括常规性管理和非常规性管理。

常规性管理主要是土地管理部门和房地产行政管理部门对房地产产权产籍的管理。房地产产权产籍管理的具体内容包括：土地总登记、房地产经常登记、他项权利登记、设定登记、嘱托登记、预告登记、异议登记和暂时登记。其他行政管理内容包括企业资质审查、投资程序审批、经纪人资格审查、估价师考试与注册管理等。

非常规性管理并不是日常管理，是某一时期对房地产市场要素的直接干预，比如对房地产价格的限制等。

3. 启发引导手段

启发引导手段是指运用信息、社会舆论、说服教育等方式对房地产市场主体行为施加影响,从而达到调控房地产市场的目的,主要包括信息引导法、舆论导向法和劝告法三种。

(1)信息引导法。信息引导法对于企业、消费者、政府的最终决策结果具有前导性作用,政府运用这一原理对房地产市场主体如企业、消费者施加影响。如定期公告基准地价、房地产交易价格,公开政府关于调控房地产市场的政策,公布一定时期的土地供应总量和结构,贷款利率、税种和税率等,这些内容都会对房地产市场产生重大影响。同时,政府在挖掘、分析信息数据的基础上进行适时的宏观调控,从而引导房地产商和消费者的行为,使房地产市场持续健康地发展。如定期公布房地产信心指数、房地产景气指数、房地产价格指数,启动房地产监测预警系统等。

(2)舆论导向法。政府运用舆论工具,产生强大的社会舆论压力,从而影响房地产企业形象、经营活动等。

(3)劝告法。劝告法是指政府凭借国家权力对房地产市场主体不规范行为进行说服教育的方法。

思 考 题

1.阐述房地产的概念及其分类。
2.房地产的特性是什么?
3.阐述房地产市场的概念及其分类。
4.房地产市场宏观调控的性质是什么?
5.阐述我国房地产市场宏观调控的政策。

第 2 章

房地产市场分析概述

学习要点

本章对房地产市场分析相关理论进行梳理和阐述,首先界定房地产分析和房地产市场分析的相关概念,其次介绍房地产市场分析的整个流程,在此基础上分析房地产市场的客户需求,最后对房地产市场分析报告的撰写予以理论阐述。通过本章学习,学生能够掌握房地产分析和房地产市场分析的相关概念,熟悉房地产市场分析的流程,了解房地产市场分析中的客户需求,掌握房地产市场分析报告的撰写。

2.1 房地产市场分析的相关概念

2.1.1 房地产分析

房地产分析是对房地产特性进行研究的总称。根据所研究的特性不同,房地产分析可以分为多种类型。

1. 房地产分析的理论类型

如上所述,房地产分析是对房地产的特性进行研究,而房地产的特性又可以分为内部特性或自身特性和外部特性或环境特性,所以,房地产分析可以分为房地产自身分析和房地产环境分析。其中,内部特性又可以分为实物特性、经济特性、营销特性;经济特性又可以分为既定条件下的经济特性(可行性)和非既定条件下的经济特性(投资性)。因此,房地产自身分析又可以分为房地产状况分析、房地产可行性分析、房地产投资分析、房地产营销分析。房地产的外部环境包括市场环境、经济环境、政策环境、规划环境、社会人文环境。所以从外部环境来看,房地产分析可以分为房地产市场分析、房地产经济分析、房地产政策分析、房地产规划分析、房地产社会人文分析。

2. 房地产分析的实践类型

房地产分析的实践类型,是指实践中有关各方对房地产分析的需求种类。房地产分析的实践或需求随着房地产发展阶段的不同而不同;而且在同一发展阶段,不同的房地产分析服务需求者的需求也有所不同。如房地产开发商一般是需要针对某个具体项目的房地产分析服务,而政府和银行一般是需要针对整个市场的房地产分析服务。当然,针对某个项目的房地产分析也不是仅需要对房地产项目自身进行分析,也需要进行房地产环境分析;同时,房地产开发商出于某种目的,也会提出针对整个市场的房地产分析服务需求,如某开发商打算在某个城市进行较大的投资,此时往往会提出针对整个市场的房地产分析需求。房地产分析的实践需求多种多样,但概括起来,除房地产市场分析外,主要有以下实践需求。

(1)房地产状况分析

房地产状况分析是指对某个房地产项目的实物状况、权益状况、区位状况和运营状况的分析。单独对某房地产进行状况分析一般是基于RETs物业价值评估的需要提出的,在不动产信托投资基金准备购买某物业或准备上市时,为确定合理的购买价格或向投资者说明物业的投资价值,在价值评估前就需要进行详细的房地产状况分析,并出具专门的房地产状况分析报告。

房地产状况分析不同于物业估价中的房地产状况分析,其主要差别在于房地产状况分析中需要进行运营状况的分析。运营状况的分析不仅要分析物业当前的维修、保养和使用状况,而且要对设施设备的运行状况作仔细分析,以确定物业在未来的运营中是否有良好实物状况的保证;同时还需要了解物业当前的租金水平,并对物业未来的租金水平进行预测,以通过房地产状况分析确定物业未来的现金流,为评估物业的投资价值奠定基础。

(2)房地产行业分析

房地产行业分析是指对房地产行业的各个参与者进行考察,评价行业整体的运行情况、盈利情况、竞争情况,分析行业的发展前景,得出是否值得在该行业进行投资及应采用何种策论的一种分析。房地产行业分析,可以根据房地产的行业种类细分为房地产开发业行业分析、房地产服务业行业分析和房地产物业管理业行业分析等。其中,房地产服务业的行业分析又可以房地产估价行业分析、房地产经纪行业分析、房地产咨询行业分析。

(3)房地产投资分析

房地产投资分析是指对某个拟投资的房地产项目进行评价。评价包括财务评价和风险分析。在财务评价中,要测算静态盈利能力指标(对于开发投资为:成本利润率、销售利润率、投资利润率、静态投资回收期;对于置业投资为:投资利润率、资本金利润率、资本金净利润率、现金回报率、投资回报率、静态投资回收期)、动态盈利能力指标(财务内部收益率、财务净现值、动态投资回收期)、清偿能力指标(借款偿还期、利息备付率和资产负债率)。在风险分析中,首先要进行不确定分析包括盈亏平衡分析和敏感性分析,它们均属于风险因素确定但发生概率不确定条件下的风险分析;然后还要进行风险因素未来变动幅度不确定、未来发生变动的概率不确定条件下的风险分析。

(4)房地产可行性分析

房地产可行性分析与房地产投资分析非常相似,它们都是针对某个房地产项目的分析,都需要进行财务评价和风险分析,但是它们也有差别,具体表现在:

①投资分析都是从企业的角度来分析的,是为了说服自己;而可行性分析有时是为了说服别人,如向金融机构申请贷款的可行性分析,为了说服政府批准某个项目的可行性分析。

②投资分析基本上是一种纯经济上的或财务上的分析;而可行性分析除进行经济上的论证外,还需要从技术的角度,从社会效益和环境效益上进行评价。

③投资分析都是决策前的分析,而为了说服他人的可行性分析都是在项目决策之后的一种分析,所以可行性分析也有可能是各种限制条件下的分析。

④一般在做投资分析时,投资者并没有限定其投资期望或目标;而为了说服自己的可行性分析多是在既定投资目标或期望条件下的一种分析。

(5)房地产营销分析

房地产营销分析是对某一特定物业的竞争地位或经济产出量和产出速度进行分析的一种活动。这种活动要解决某一个房地产项目的营销活动如何开展以使物业的租金或售价达到预期或合适水平的问题;或者要诊断目前的营销中存在什么问题,并提出解决所存在问题的措施。房地产营销分析需要解决如下问题:

①市场上对目标项目这种类型的物业的吸纳量有多少;②目标物业的竞争优势在哪里;③目标物业的特定客户群或目标客户群是什么;④目标物业特定客户群具有什么样的特征;⑤目标物业应如何进行产品定位,各期应开发多少数量;⑥目标物业的卖点是什么,如何把这些卖点通过有效的途径传达给消费者并为他们所接受和喜爱;⑦目标物业的价格应该定为多少,在此价格下可以获得多少利润;⑧对目标物业进行适当的改变,这些改变可以使目标物业增加多少价值或利润,获取这种价值增加值或利润增加值的可能性或风险有多大。

(6)最高最佳使用分析

房地产最高最佳使用分析是指对一块空地或已建成的房地产,在法律上许可、技术上可行的条件下最佳使用方式进行分析并得出结论的一种活动。这里的使用方式包括用途或用途匹配、产品的规划设计(如小区的布局、容积率、建筑密度、园林绿化、小区配套)与建筑设计方式(如建筑风格、户型配比、套型等)。对于一块空地的最高最佳使用分析,需要回答以下问题:

①法律上许可、技术上可行的最高最佳使用方式有哪几种；②各种最高最佳使用方式分别需要多少投资；③各种最高最佳使用方式分别有多少产出；④各种最高最佳使用方式的利润和利润率分别为多少；⑤获取各种最高最佳使用方式利润和利润率的概率或风险有多大；⑥哪种方式为最高最佳使用方式。对于已建成房地产的最高最佳使用方式分析，需要在法律许可、技术可行的前提下，对保持现状、装修改造、改变用途、拆除重建四种使用方式进行比较，确定哪种使用方式能够使物业的价值最大化，以能够使目标物业价值最大的使用方式为最高最佳使用方式。同时，最高最佳使用分析还需要回答暂时的最高最佳使用分析与未来的最高最佳使用分析是否一致，若不一致，则暂时的最高最佳使用分析是什么，未来的最高最佳使用分析应该在什么时候实施。

(7) 房地产经济分析

经济是房地产市场中各种物业类型需求的基础。房地产经济分析，是对影响房地产需求的各种经济因素进行分析。在房地产经济分析中，需要分析的经济因素主要有：人均可支配收入、人均GDP、人口状况、家庭数、就业情况、城市化进度情况、反映居民生活水平的恩格尔系数和居民收入平均程度的基尼系数。在进行房地产经济分析时，不仅要分析这些要素的现状，而且要分析其发展趋势。

房地产经济分析一般是对地区经济进行分析，但分析的目的不是分析经济，分析经济只是一种手段，其目的是通过分析经济，了解决定所有物业类型需求的基本因素，因此，对经济的分析要从房地产需求的角度进行。

2.1.2 房地产市场分析

1. 房地产市场分析的界定

房地产市场分析是研究房地产供给与需求各个方面的市场表现及其影响因素的一种活动。房地产市场分析有广义与狭义之分。广义的房地产市场分析包括房地产市场环境影响的分析、房地产市场总体趋势的分析、房地产项目市场分析，它包括房地产市场从宏观到微观的各个层面。宏观上包括房地产市场各种环境的影响分析，微观上具体到某个房地产项目的市场占有率和吸纳率。房地产市场环境影响分析是对房地产市场需求的基本因素及其未来趋势进行预测并分析这些基本因素对房地产市场的影响的活动；房地产市场趋势分析是对某区域范围内房地产市场的整体或某个方面的变化进行分析的活动；房地产项目市场分析是对某个房地产项目的市场需求量、占有率、吸纳率进行分析的一种活动。

狭义的房地产市场分析仅指对某一区域范围内的某房地产的供给、需求、供求缺口的现状及它们的发展趋势进行分析、预测的一种活动。必须指出的是，房地产市场分析中对供给的分析不仅要分析供给量及其发展趋势，还要分析包括产品品质、产品结构（包括产品种类结构、产品区域结构、产品档次结构）和供给行为（主要为促销行为）等方面的现状及其发展趋势。

本书所讲的房地产市场分析是指广义的房地产市场分析。在对房地产市场分析的理解上,我们需要认识到:①当前房地产市场的表现不是我们分析的目的,它只是我们看清未来的基础,房地产市场分析的目标是弄清未来房地产市场的情况,或者说预测房地产市场的发展趋势。②对当前房地产市场表现的分析,不仅要弄清它是怎么样的,还要弄清当前的房地产市场为什么会这样,这正是我们要进行房地产市场环境影响分析的目的。③对房地产市场趋势的分析可以有两种思路:一是通过房地产市场从过去到现在的发展规律推断房地产市场的未来;二是通对当前房地产市场表现与其成因的关系,结合对房地产市场表现成因变化的预测来推断房地产市场的未来。④对于一个拟建项目的房地产市场分析,不仅要分析此项目能否被市场吸纳和需要多久才能被市场吸纳,而且要分析此项目能否得到公共政策、环保政策和各种规划的支持,项目的开发和运营是否能得到社会公众的支持。

2. 房地产市场分析的类型

房地产市场分析的委托方多种多样,委托分析的目的也多种多样。因此,在实践中房地产市场具有许多具体的类型,概括起来主要有以下类型:

(1)项目房地产市场分析

项目房地产市场分析即为了确定一个房地产项目的竞争能力、市场吸纳量、吸纳率和吸纳速度而进行的市场分析。这种类型的房地产市场分析服务一般是由房地产开发商提出的。

(2)片区房地产市场分析

片区房地产市场分析是指对一个片区的各类房地产综合市场表现进行的分析。这类房地产市场分析服务的需求者有房地产开发商、政府。当房地产开发商提出这种服务需求时,往往是为对其拟购地块进行投资分析;当政府提出这种服务需求时,往往是为了满足片区开发(如旧城改造)和片区规划的需要。

(3)地区房地产市场分析

地区房地产市场分析是指对一个城市或包含数个城市的区域房地产市场所进行的分析。这种房地产市场分析服务的需求者可能是政府,也可能是房地产开发商。政府提出这种服务需求时,是为了对房地产市场进行监管;房地产开发商提出这种服务需求时,一般是为了寻找投资机会,或为开发某个大型的房地产项目进行市场分析。

(4)某类房地产市场分析

某类房地产市场分析,即对某一类物业的供给、需求和价格的状况及发展趋势进行分析。进行这种分析的房地产类别的大小,由委托方的需要来确定,如对于住宅类的房地产,可以单独分析别墅市场、高档公寓市场、普通住宅市场。这种类型的房地产市场分析服务需求,一般是房地产开发商在打算进入某个细分市场而提出的。

(5)针对某问题的房地产市场分析

针对某问题的房地产市场分析即为达到某个特定目的或解决某个特定问题而进行的房地产市场分析。如,为改善租售业绩而调整房地产产品所进行的房地产市场分析,为使贷款银行或投资方相信项目可行而进行的房地产市场分析,为政府进行大型基础设施或公共服务配套设施建设而进行的房地产市场分析。

3. 房地产市场分析与相关服务的联系

虽然在前面我们已经界定了房地产市场分析，并介绍了房地产市场分析的类型，但是要弄清房地产市场的内涵与外延，我们还必须把它与几种相关的服务进行比较分析。

(1) 与房地产市场调研的比较

房地产市场分析与房地产市场调研确实有相同之处，但它们属于两种不同的服务。房地产市场分析与房地产市场调研相比，它们有如下差别：①房地产市场分析范围更加广泛，如，对于是否需要在某现有建筑物安装空调的服务需求，不属于房地产市场调研的范畴，而是属于房地产市场分析的范畴。②房地产市场调研重在调查研究，分析也只是针对调查得到的信息或资料；而房地产市场分析重在通过分析得出某种供求现状与趋势的结论。③它们所要做的专业工作有所不同，房地产市场调研中不需要进行最高最佳使用分析，不需要进行物业价值评估，不需要进行成本和收益的比较。但这些工作在房地产市场分析中可能都要做。

(2) 与房地产营销策划的联系

在实务中，既要进行房地产营销策划，也要进行房地产市场分析，但这种工作本身不属于房地产营销策划，而是房地产营销策划的基础之一。在房地产策划代理业务中，一般需要向委托方（通常是房地产开发商）提供四个报告，分别是房地产市场分析报告、房地产项目定位报告、房地产项目发展建议报告和房地产营销策划报告。所以，房地产市场分析是房地产营销策划的基础，二者属于不同的服务。虽然对房地产销售与营销也可进行市场分析，但房地产市场分析主要是为"生产什么"服务的，而营销策划是为"如何销售"服务的。房地产营销策划服务，需要挖掘项目的卖点，需要锁定项目的目标客户群，需要在报告中提出如何进行促销（包括确定促销方式、促销渠道和促销投入），但这些不属于房地产市场分析服务的范畴。

2.2 房地产市场分析的流程

2.2.1 确定分析目标

房地产市场分析目标的确定非常重要，如果目标确定错了，那么后面的工作就没有任何意义了，所以进行房地产市场分析的第一步就是确定房地产市场分析的目标。

但是，确定房地产市场分析的目标并不是一件容易的事情，有时委托方只知道自己遇到了困境，但到底需要解决什么问题，可能自己也不清楚。为了确定房地产市场分析的目标，房地产市场分析人员需要反复与委托方沟通。首先，需要通过与委托方的沟通，弄清委托方要进行这次房地产市场分析的目的，如委托方表示，其委托的目的是想看看其某一个项目是否可行，那么房地产市场分析人员需要进一步询问委托方：关于项目是否可行的意思是项目是否达到一定的销售率还是能否满足既定利润率的要求。如果委托方表示，项目在与周边物业相似价格下能否达到某一销售率，则房地产市场分析人员就明确了市场分析的目标，即确定目标物业的市场吸纳量和吸纳率。

2.2.2　分解实现目标需解决的问题

在明确了房地产市场分析的目标后，市场分析人员需要根据此目标，按照逻辑推理的方式，分解出需要解决哪些问题。例如，假设委托方委托我们对其房地产项目进行市场分析，以确定其项目能否在未来实现其预计的销售率，则此时房地产市场分析的目标为确定目标项目的市场吸纳率，把这一目标按照逻辑推理的方式，就可以分解出如图2-1所示的项目市场吸纳率问题系统结构。

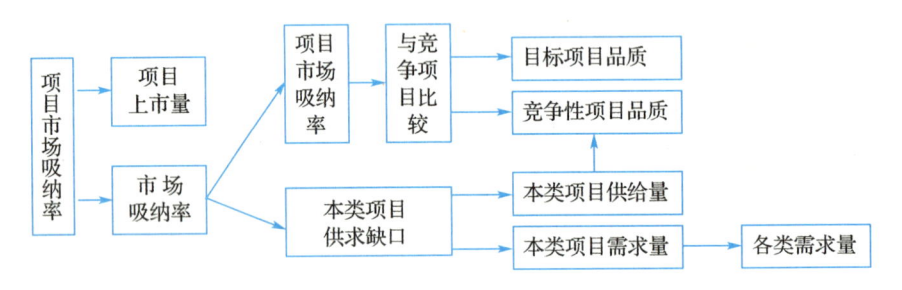

图2-1　项目市场吸纳率问题系统结构

2.2.3　制订分析的技术方案与工作方案

从所述项目市场吸纳率问题系统结构可知，关键的问题是分析出本类项目的各类需求量、确定竞争区域内本类项目的供给量、调研竞争项目。因此，接下来就需要针对这三个关键问题制订分析的技术方案和相应的工作方案。在技术方案中，需要明确解决各种问题的技术路线、分析与统计时打算采用的各种方法。技术路线就是解决某问题的逻辑思路，它是制订工作方案的基础，图2-2为某项目的住宅需求总量分析技术路线。

工作方案需包括组织架构、人员分工、时间和进度安排、项目的管理制度、需要收集的资料、收集各种资料的途径等。

2.2.4　进行资料的收集、整理、统计与分析

在制订好技术方案与工作方案后，即可开始资料的收集。对收集的资料进行分类、排序、编号、加工等整理工作，对调查的有关数据和信息进行统计；最后根据收集的资料和统计的结果，对有关问题进行分析。

第 2 章　房地产市场分析概述

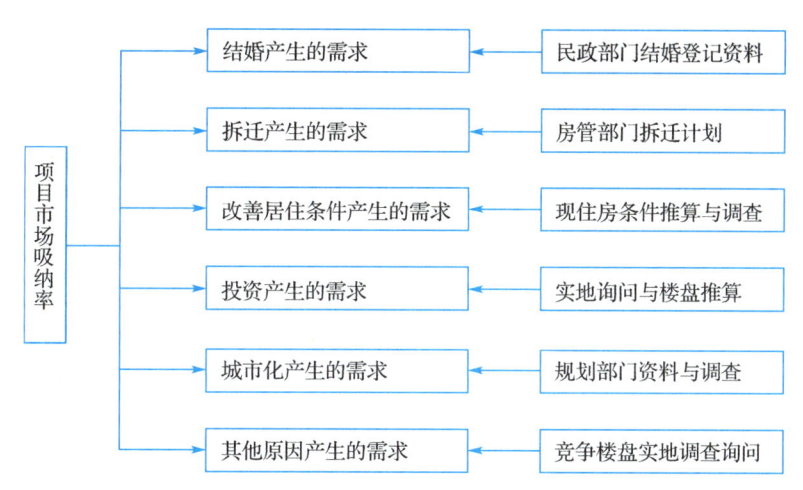

```
                  ┌── 结婚产生的需求 ◄────── 民政部门结婚登记资料
                  │
                  ├── 拆迁产生的需求 ◄────── 房管部门拆迁计划
  项目            │
  市场       ─────┼── 改善居住条件产生的需求 ◄── 现住房条件推算与调查
  吸纳            │
  率              ├── 投资产生的需求 ◄────── 实地询问与楼盘推算
                  │
                  ├── 城市化产生的需求 ◄───── 规划部门资料与调查
                  │
                  └── 其他原因产生的需求 ◄─── 竞争楼盘实地调查询问
```

图 2-2　住宅需求总量分析技术路线

必须指出的是，在实际工作中，不能在制订好技术方案与工作方案之前，就开始进行资料的收集工作，否则会事倍功半。完善的技术方案和严谨的工作方案在整个的房地产市场分析工作中具有非常重要的作用。

2.2.5　撰写房地产市场分析报告

房地产市场分析的最后一项工作是撰写报告。房地产市场分析报告涉及的问题很多，撰写的工作量很大，所以在正式撰写报告之前需先拟好详细的写作提纲，并根据此提纲进行报告的分工撰写。

2.3　房地产市场分析的客户需求

房地产的重要特点是投资巨大、风险高，这种特点导致了进行房地产投资需要密切关注市场，遵循市场客观存在的运行规律，否则各方都将蒙受巨大的损失。同时，房地产业已成为我国国民经济中非常重要的产业，甚至是当前国民经济的支柱产业，房地产业已经关系着国民经济的发展、各级地方政府和全国十余万家房地产开发企业及几乎每一个家庭的利益。房地产投资巨大、风险高，牵涉着数量巨大的利益相关者，这就决定了房地产市场分析服务具有数量庞大的潜在客户和巨大的市场需求，但概括起来主要有房地产开发商、政府机关、金融证券机构、其他机构和人员等四大类客户。这四大类客户对房地产市场关心的问题不同，导致各类客户具有差别化的房地产市场分析服务需求。

2.3.1 房地产开发商的需求

房地产开发商是房地产市场分析服务的第一大客户。在房地产开发过程中，从投资机会选择到房地产销售的每一个环节都需要房地产市场分析服务来提供决策支持。具体来说，房地产开发商主要有以下环节需要房地产市场分析服务。

1. 进入市场的决策

当房地产开发商进入某个细分的房地产市场时，需要了解该细分市场的供求情况、竞争者的情况，以决定该细分市场是否值得进入，自己是否有足够的实力进入，为此需要房地产市场分析提供这方面的信息。

2. 投资区域的选择与决策

房地产的一个重要特点是具有区域性，对于房地产投资来说，这种区域性不仅表现在各地房地产市场的供求情况不同，而且表现在各地的房地产市场环境有很大的差别，在某地行之有效的房地产开发模式或营利模式，不一定适合另外一个城市或地区。有规模投资的风险，房地产开发商在进入某个区域时，需要房地产市场分析服务，以获取拟进入城市或地区的房地产供求情况、投资的政策环境、经济环境、文化环境和规划环境。

3. 购买地块的选择与决策

在开发商拟购买某块土地时，需要通过房地产市场分析服务分析该块土地是否值得购买并且要确定以多少钱购买才能实现自己预定的投资目标，这涉及该地块开发后的房屋销售比例多少和售价能够达到多少，所有这些决策需要的信息都需要通过房地产市场分析服务来提供。

4. 项目开发的融资

房地产具有投资大的特点，房地产开发商在购买某地块后一般都需要向银行借款，为了说服银行提供该项目的贷款，此时开发商需要向银行提供有关该项目的市场分析报告（包括可行性研究，属于广义的房地产市场分析报告）。

5. 已购地块的产品定位与规划设计

在此环节，房地产开发商因为需要确定已购地块的最高最佳使用方式而需要房地产市场分析服务。

6. 拟售项目的营销分析

在此环节，开发商需要通过房地产市场分析确定项目的优劣势、卖点，确定目标客户群及其心理特征和行为特征。

7. 在售项目的营销调整

在此环节，房地产开发商通过市场分析找出其在售项目销售业绩欠佳的原因所在，并通过市场分析调整自己的营销策略。

8. 售罄项目的售后评价

在此环节，房地产开发商通过市场分析弄清自己已售完项目成功在何处，问题主要有哪些，以便在下一个项目继续发扬本项目的成功经验，克服本项目存在的问题。

2.3.2 政府机关的需求

政府机关对房地产市场分析服务的需求,主要源于两个方面的需要:一是为了对市场运行进行监管;二是为了实现政府投资利益的最大化。这两种需要具有不同的房地产市场分析服务要求。

对市场运行监管的房地产市场进行服务需求分析,主要通过房地产市场分析弄清当前房地产市场的供求状况、空置率、售价与居民收入的协调性、价格的变化幅度、开发量及其变化幅度、开发商和购房者如何看待和对待当前的房地产市场,其目的是在房地产投资过热时制定并出台行之有效的调控政策和措施,在房地产市场低迷时制定并出台恰当的政策和措施,刺激房地产市场;为了实现政府投资利益最大化的房地产市场分析服务需求,主要通过分析确定政府投资的规模、地点、布局、时机及投资的经济效益、公共利益(社会效益和生态效益),如为进行大型基础设施或公共服务设施投资的房地产市场分析,为进行旧城改造的房地产市场分析。当然,也有地方政府为了争取中央政府对当地基础设施和公共服务设施投资支持而委托的房地产市场分析服务。

除上述两种目的的房地产市场分析服务需求之外,还有地方政府及其有关的行政主管部门为了制定城市发展战略规划、片区控制性详细规划、房地产业发展规划和撰写一年一度的房地产市场运行总结报告而委托的房地产市场分析服务。

2.3.3 金融证券机构及投资者的需求

如上所述,房地产具有投资巨大的特点,所以金融机构在房地产业中起着至关重要的作用。在房地产市场中,金融机构基于对利润的追求,为投资者提供了大量的融资,但同时房地产市场又存在风险,金融机构为了保证金融资产的安全,确保贷款本息能够收回,迫切需要房地产市场分析服务为其提供房地产市场发展趋势、各类物业的供求状况及在未来能够实现的价格、各片区房地产的供求状况及发展前景,以及各个房地产开发贷款项目是否具有经济上的可行性。

证券机构为了发行房地产债券或股票,特别是上市的房地产信托基金,需要通过房地产市场分析服务向债券或股票的购买者说明所发行的债券或股票具有经济上的可行性。房地产信托基金在进行某项房地产投资时,也需要通过房地产市场分析来说服投资者进行该项房地产投资,说明该项目投资的可行性。

广大的投资者,无论是机构投资者还是个人投资者,需要通过房地产市场分析来论证某个房地产项目投资能否实现预期的回报,能实现多高的投资回报,存在多大的投资风险;还需要通过房地产市场分析来确定哪个城市的房地产、哪一类房地产、哪个片区的房地产最具有投资价值。对于以自用为目的的房地产投资,也需要通过房地产市场分析来选择合适的购买时机、购买区域和购买价格。

2.3.4 其他机构或人员的需求

除了上述机构人员外,还有各类房地产市场的参与者在不同程度上需要房地产市场分析服务,如建筑设计人员需要通过市场分析来确定建筑风格、户型和设施设备及其他产品要素;房地产营销人员需要通过市场分析来锁定目标客户和把握目标客户的各种偏好,以制定恰当的营销策略;房地产的出租人和承租人需要通过市场分析来确定物业合理的租赁价格等。

可以说,房地产市场分析服务的客户是广泛的,他们的需求是多样的,具体有哪些客户无法一一列举,各种客户对房地产市场分析服务的具体需求也需要通过实践来把握。

2.4 房地产市场分析报告

房地产市场分析报告是对房地产市场信息收集、分析和加工整理之后写成的书面报告。一份高水准的房地产市场分析报告,能够揭示房地产市场的内在规律,预测房地产市场的发展趋势,帮助房地产市场参与者了解市场动态、把握市场机会或调整市场行为。

2.4.1 基本内容

一篇完整的房地产市场分析报告通常包括以下五个部分的内容:市场现状分析、近期采取的主要政策措施、市场存在的主要问题及原因、市场形势预测、下一步的政策建议及主要措施。

1. 市场现状分析

"市场现状分析"部分是整篇报告的核心,通常包括八个方面:

(1)报告期社会经济发展概况。其主要反映房地产市场发展的宏观背景,包括地区生产总值(GDP)、固定资产投资规模及其变化情况(时间序列数据及同比、环比、占比等,下同)、城镇居民可支配收入及其变化情况等。

(2)报告期房地产开发情况。这可同时作为反映市场后续发展趋势的先行指标。包括房地产开发资金来源构成、投资完成额、土地购置面积、土地开发面积、新开发面积、施工面积、竣工面积等指标的数量及其变化情况等。

(3)报告期房地产市场供求总量及对比情况。增量房市场(最好能区分预售和现房销售)方面,应包括批准预(销)售面积(套数,针对住宅,下同)、累计可售面积(套数)等侧重反映供应的指标及其变化情况;登记销售面积(套数)、消费意愿、消费者价格预期等侧重反映需求指标及其变化情况。存量房市场方面,应包括存量房规模、二手房交易面积(套数)、租赁面积(套数)等指标及其变化情况。

(4)报告期房地产市场结构情况。主要针对增量房市场中的住宅,应包括按套型、价位、区域等标准划分的各子市场的供应量、需求量、供求关系、价格走势等指标及其变化情况,以及各子市场供应量、需求量占总体市场的份额及其变化情况。

(5)报告期房地产市场价格情况。增量房市场方面,应包括城市房地产市场信息系统提供的平均交易价格、同质价格、典型楼盘价格等指标及其变化情况,并参考统计部门提供的 70 个大中城市房屋销售价格指数及其变化情况,且应按住宅、非住宅细分。存量房市场方面,应包括城市房地产市场信息系统提供的二手房平均交易价格、平均租赁价格等指标及其变化情况,并参考统计部门提供的 70 个大中城市房屋销售价格指数中的二手房指数、租赁指数等指标及其变化情况。

(6)金融、财税等其他与房地产市场相关的数据及情况分析。

(7)其他需要说明的问题,例如市场的季节性波动、外资进入情况等。

(8)报告当期市场现状分析小结。依据上述指标和分析的主要结论,对报告期房地产市场形势作出基本判断和总体评价。

2. 近期采取的主要政策措施

"近期采取的主要政策措施"部分主要阐述本地区实际采取的主要调控措施,以及对市场的影响、取得的成效和经验等。

3. 市场存在的主要问题及原因

市场存在的主要问题及原因部分通常应关注以下三个方面:

(1)报告期房地产市场存在的突出矛盾,或者出现异常变化的指标(如供求总量大幅增加、供求关系明显失衡、价格水平大幅波动、市场结构剧烈变化等),以及引发这些矛盾或异常变化的原因。

(2)报告期房地产市场上出现的趋势变化或新情况、新问题,以及出现这些新情况、新问题的原因。

(3)报告期当地房地产市场上引起广泛关注的热点性、敏感性问题(如新闻舆论大量报道等),以及专题分析。

4. 市场形势预测

"市场形势预测"部分主要是采用定性判断与定量测算相结合的方式,对未来一段时间(通常为半年至一年)房地产市场的发展趋势作出预测。可依据对当前市场形势的分析,并考虑影响房地产市场走势的各种因素,把握供求总量、供求结构、价格水平的变化趋势,对市场的基本走势作出判断。亦可根据各统计指标时间序列数据反映的规律性,结合各市场先行指标和住房状况调查、指标需求调查等专项调研结果,对新增供应量、需求量、价格等核心指标作定量测算。

5. 下一步的政策建议及主要措施

"下一步的政策建议及主要措施"部分主要是结合现状分析和预测结果,提出进一步加强房地产市场宏观调控的政策建议,以及当地拟采取的主要措施。

2.4.2 常见格式

俗话说,文无定法。房地产市场分析报告亦如是。上述五个基本组成部分在房地产市场分析报告中并非缺一不可,具体内容的分列也不是一成不变的。如"近期采取的主要政策措施"以及"下一步的政策建议及主要措施"有则撰写,无则省略;简约的分析报告甚至可以只写"市场现状分析",其他部分一概略去。又如"市场现状分析"部分可以拆分成"基本情况"和"运行特征"两个部分,也可以将"存在问题"部分归入其中。

1."市场现状分析"型

如《2017年广州市房地产开发和销售情况分析》一文的纲目为:一、房地产开发投资发展现状和特点:(一)房地产开发投资增速平稳回落;(二)住宅投资结构优化,商业营业用房投资快速增长。二、房地产开发企业资金到位情况。三、商品房销售情况:(一)销售形势整体低迷,年底销售量有所回升;(二)房地产销售价格同比涨幅回落,环比价格继续走低;(三)商品房空置面积持续增加。四、限价房和保障性住房建设情况。五、2017年广州市土地拍卖情况。

2."市场现状分析"+"市场形势预测"型

如《2017年西安市房地产市场运行报告》一文的纲目为:一、房地产开发投资额高速增长但增幅逐步回落。二、房屋施工面积、新开工面积继续增长,但增速逐渐回落。三、商品房销售面积持续下降。四、房屋销售价格冲高回落,涨幅高于上年。五、房地产类贷款增速总体趋缓。六、土地价格年末有所回落。七、房地产企业景气指数高位回落。八、对2018年的展望。该文前七个部分为"市场现状分析",最后一部分为"市场形势预测"。

3."市场现状分析"+"存在问题"型

如《2017年成都市房地产市场监测运行情况报告》一文的纲目为:一、运行情况及主要特征:(一)开发投资增长停滞,全年仅增长3%;(二)商品房施工面积继续扩大,但增幅放缓,新开工面积和竣工面积双双下降;(三)商品房销售面积和销售额大幅下降,市场形势严峻;(四)空置面积不断增加,1~3年住宅空置尤为突出;(五)购地面积大幅下降,地价不断走低,待开发面积大幅增长。二、运行中的主要问题:(一)商品房施工规模不断扩大,市场供需矛盾更加突出;(二)住房供应结构不尽合理,结构性矛盾还比较突出;(三)开发资金压力不断加大,中小房地产企业面临生存困难;(四)市场销售持续低迷,商品房空置面积不断增加。

4."市场现状分析"+"存在问题"+"建议"型

如《2008年天津市房地产市场回顾》一文的纲目为:一、房地产市场运行特点:(一)房地产业增加值与上年基本持平,各季发展速度上下波动;(二)房地产开发投资实现较快增长,增速高于京沪渝;(三)商品房建设规模继续扩大,竣工面积增加;(四)房地产开发到位资金增长趋缓,低于同期投资增速;(五)经济适用房建设全面推进,非住宅类项目建设规模扩大;(六)房价涨速减缓,交易量下跌。二、当前全市房地产市场面临的主要问题:(一)商品房成交量持续下降;(二)房地产开发资金逐步趋紧;(三)房地产业增加值持续下降；(四)房地产开发投资后劲已显不足。三、几点建议：(一)保持滨海新区房地产投资快速增长；(二)加快示范小城镇建设进度；(三)稳定"新家园"经济适用房建设规模；(四)积极鼓励居民住房消费；(五)完善项目基础设施建设，提高综合配套服务。

5. "政策措施"＋"市场现状分析"＋"市场形势预测"型

如《2013年重庆市房地产市场报告》一文的纲目为：一、年末"救市"政策回顾：(一)国家宏观政策(略)；(二)地方政策(略)。二、全市房地产开发市场运行情况：(一)开发投资与土地购置情况；(二)开发企业资金到位情况；(三)商品房销售市场状况。三、三大因素决定重庆市能否率先走出"冬天"：(一)试验区效应吸引外来人口助推房市回升；(二)主城区以外区县市场需求仍在；(三)房价增长相对平稳。

2.4.3 撰写原则

1. 数据真实准确原则

对房地产市场进行分析必须依靠相关的数据，数据真实准确是分析报告的生命。如果数据不真实，所有分析都会成为无本之木。在实践中，可通过如下两个渠道获得较为可靠的市场交易数据：一是从当地房产管理部门网上备案系统采集数据，这种数据不要随意改动，以房管部门提供的数据为准；二是到售楼现场"暗访"，自己扮成购房人，也可获取一些真实的数据。中介企业和开发企业因为涉及商业机密和经营利益，提供的数据酌情参考即可。

2. 立场公正原则

房地产市场分析报告撰写人一定要站在客观公正的立场上，不偏不倚。早在2008年12月20日，国务院办公厅在出台的《关于促进房地产市场健康发展的若干意见》中强调：要"坚持正确的舆论导向""大力宣传中央出台的各项政策措施及成效，着力稳定市场信心""对各种散布虚假信息、扰乱市场秩序的行为要严肃查处"。这实际上是要求相关媒体秉持客观公正立场，既不要扮演"唱衰楼市"的角色，也不要为开发企业盲目吹嘘。撰写房地产市场分析报告理当以此为鉴。

3. 全面观照原则

房地产业受宏观经济影响大，产业关联度高。对房地产市场进行分析，必须全面观照整个经济局面及各涉房产业，甚至一个地方的文化习俗。例如，2008年年初，当金融危机及楼市危机在一线城市蔓延时，有分析报告指出，2009年下半年某市房价上涨空间不大，原因有四个：一是该市2009年1～4月份月均销售15万平方米，月均上市量143万平方米，而市场上商品住房累计可售量已达到200万平方米，短期内供大于求的局面不会改变。二是全球金融危机和经济衰退并未有见底迹象，前景黯淡，我国宏观经济仍将面临较大压力。三是国内钢材、水泥等大宗商品的价格已经有了大幅度下跌，各种要素的重置成本下降。四是从资产价格角度来看，眼下的中国楼市相对于全世界的楼市及中国的A股市场仍然处在一个相对的高位，投资品相对的比价关系不支持投资性需求大规模进入房地产市场。如此分析，视角全面，分析深刻，令人信服。

4. 审慎研判原则

撰写房地产市场分析报告，描述既成事实容易，预测市场走势较难，而一份完整的报告少不了预测市场走势部分，很多分析报告最大的看点也就在此。研判市场走势时，一定要持审慎严谨的态度。例如，在充分掌握真实数据并建立一定的数学模型后，市场仍会发生变化，新的数量关系十分复杂，不可能都和模型吻合。即使是运用数学模型计算得出的结果，也要作正确的估计和必要的说明。

思 考 题

1. 房地产市场分析的内涵是什么？
2. 阐述房地产市场分析的类型。
3. 阐述房地产市场分析的流程。
4. 如何分析房地产市场中的客户需求？
5. 房地产市场分析报告包括哪些内容？

第 3 章

房地产市场环境分析

学习要点

本章对房地产市场环境分析进行了理论梳理和方法阐述,首先界定房地产环境分析的相关概念,其次介绍房地产项目市场环境分析的具体内容,最后对房地产项目市场环境分析方法予以理论阐述。通过本章学习,学生能够掌握房地产环境分析的相关概念,掌握房地产项目环境分析的具体内容,掌握房地产项目市场环境分析方法。

3.1 相关理论界定

3.1.1 房地产市场环境与房地产项目市场环境分析

房地产市场环境是指房地产项目生存发展所必须依赖的经济、社会、文化、科技等外部条件的总称。对房地产项目市场环境进行分析是房地产可行性分析的第一步,只有确认了市场环境是可行的,是健康和稳定的,此后的供需分析才有意义。

房地产项目市场环境分析是指对影响房地产项目市场可行性分析的所有外部力量和相关因素进行综合分析,识别和判断处外部环境给项目带来的机会和威胁的过程。对房地产项目市场环境进行分析不包括项目及企业本身的具体内部因素,而是着重分析项目的外部影响制约因素。

这些外部的环境因素主要包括:经济环境、政策环境、人口环境、文化环境、社会环境自然环境和技术环境等。

1. 经济环境

经济环境主要是指一定时期社会生产的规模、动态、生产、流通、分配和消费的总体状况。主要包括国民经济发展状况、产业结构的变化、城市化进程、经济体制、通货膨胀的状况、家庭收入和家庭支出的结构等。

2. 政策环境

政策环境主要是指政府为实现其经济发展目标要采取的相应的经济政策和产业政策,主要包括与房地产市场有关的财政政策、货币政策、产业政策、土地政策、住房政策、户籍政策等。

3. 人口环境

人口环境主要包括人口的总量、年龄结构、家庭结构、知识结构及人口的迁移特征等。

4. 文化环境

文化环境主要是指公民受教育的程度、社会心理、道德观念、价值体系、宗教、文化传统、风俗习惯等。

5. 社会环境

社会环境是指项目所在地域的社会秩序、社会信誉和社会服务条件。

6. 自然环境

自然环境是指项目所在地域的自然条件和风景地理特征。主要包括地理方位、地理条件、自然资源等。

7. 技术环境

技术环境是指项目所涉及国家和地区的技术水平、技术政策、新产品开发能力以及技术发展的动态。

3.1.2 房地产市场环境的特点

房地产市场环境是一个多层次、多因素、动态发展的系统,其各层次之间、各因素之间都是相互联系、互为条件、相互制约的。它具有系统性、动态性、主导性、相对性、不可控性、可影响性等特点。

1. 系统性

市场环境是各具体因素所构成的系统,各影响因素是相互依存、相互作用和相互制约的,从而构成一个完整的、有机的环境系统,具有系统的各项特征:层次性、整体性和结构性。在这个有机的系统中,往往一个或者部分因素的变化就会导致许多因素的变化,进而影响整个系统的变化。

第 3 章 房地产市场环境分析

2. 动态性

市场环境不是一成不变的,它总是在不停地运动。在现实生活中,市场环境总是处在不断的变化之中,总是不断地产生新的机遇和危机,对市场敏感的企业家往往能够从不同的角度看待这些变化,将这些变化看成是企业发展的新机遇。

3. 主导性

在不同的发展阶段,市场环境中的各要素对市场的影响大小是不同的,总有一个或几个要素居于主导地位,影响和决定了这一时期区域的性质和特征。

4. 相对性

这里的相对性包含三方面的含义:首先是指市场环境中的各因素在一定时期内具有相对稳定性,这种相对稳定性为项目预测环境变化并采取相应的对策提供了可能性。其次,在某一特定时期,市场环境中的某些构成要素又彼此相对分离,这种相对分离性为房地产项目分清主次环境因素提供了可能性。最后,评判市场环境的优劣与好坏程度是一个相对概念,是不能脱离同其他地区的比较而孤立地进行,否则就失去了评判的意义。

5. 不可控性

影响房地产市场环境的因素是多方面的,也是复杂的,有些因素是项目本身不可控的,而且这种不可控性还表现在不同的项目和不同的时间其不可控的程度也是不同的。

6. 可影响性

市场环境的不可控性,并不是说房地产项目只能被动地适应环境的变化,相反,项目可以发挥主观能动性,对环境施加影响,使其尽可能朝着有利的方面转化。

3.1.3 房地产项目市场环境分析框架

房地产项目市场环境分析框架如图 3-1 所示。

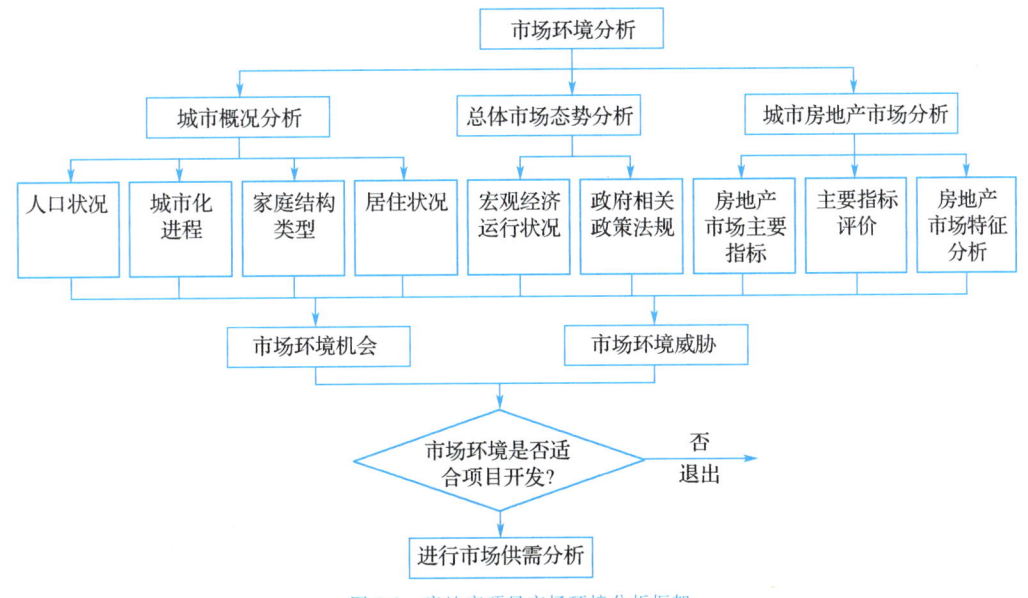

图 3-1 房地产项目市场环境分析框架

3.2 房地产项目市场环境分析的内容

在房地产项目市场可行性分析实践中,市场环境分析只是分析制约项目投资决策的外部影响因素,区位环境及项目自身条件分析放在项目定位中进行分析。从可操作性和实用性的角度来看,市场环境分析的主要内容包括城市概况、总体市场态势、项目所在地房地产市场概况三大部分。

3.2.1 城市概况

除了对房地产项目所在城市的基本情况要作描述以外,城市概况分析主要包括:

1. 人口状况

(1)人口增长状况

衣食住行是每个人的基本消费内容。从长远来说,人口增长越快,对住宅的需求就越大。

(2)人口结构

总人口中不是每个年龄段的人都对住房有需求,高年龄段的人大多有住房,实际上能够对住房形成现时需求的大多是年轻人。

2. 城市化进程

城市化是指人类进入工业社会时代,社会经济发展中农业活动的比重逐渐下降、非农业活动的比重逐上升的过程,且这种经济结构的变动外在表现为乡村人口比重逐渐降低、城镇人口比重逐渐步上升、居民点的物质面貌和人们的生活方式向城镇性质转化和强化。农民的住宅通常是自己建造;市民的住宅一般是购买的,住宅的建造和销售都是在城市,因此城市化的进程是影响住宅需求更重要的因素。城市化进程的加快,必然要求房地产和住宅产业与之相适应。

城市化对房地产市场的促进作用表现在以下几个方面:①城市化促进城市用地需求的扩张;②城市化推动区域城市体系的演变;③城市化促进房地产业平面结构的改善;④城市化促进房地产业空间结构优化;⑤城市化进程中人口集聚创造房地产业需求。

3. 家庭结构类型

家庭结构类型包括家庭结构和家庭规模两层含义,家庭结构反映的是家庭成员的组成情况。家庭规模指家庭中成员的人数。

家庭结构类型与住宅的开发关系尤为密切,这直接影响着户型及住宅开发面积的确定。当一个地区家庭规模较小,基本上为三口之家时,过大的户型就可能不适合,而这一地区普遍是三代共处时,小户型的格局又无法满足人们的需要。

第 3 章 房地产市场环境分析

4. 居住状况

居住状况主要体现在人均房屋建筑面积、人均房屋使用面积以及住宅本身的性能品质上。

5. 居民的收支状况

(1) 人均收入水平

国民经济的持续增长使人均收入增加,收入增加拉动了住房消费。通过对一个地区居民的可支配收入和家庭总支出情况的分析,来了解这个地区的人均收入水平。它是一个地区经济各类产品和服务购买力的基础,当人们收入分配的比例给定时,收入水平的上升意味着可供用于住宅的支出部分增加,因此应更为重视这一指标。

(2) 收入房价比

收入房价比是反映一个城市房地产市场发展的一个重要指标。收入房价比是居民年收入和在当地购买一套住宅所需支出的费用比。20 世纪 90 年代初,世界银行专家安瑞荷马来中国进行房改研究时,提出一个世界银行认为"比较理想"的收入房价比例 1∶4～1∶6。据联合国公布的资料,不同国家收入房价比的离散程度相当大。1998 年对 96 个国家的统计结果表明,这些国家的收入房价比区间为 0.8～30,平均值为 8.4,中位数为 6.4。

(3) 恩格尔系数与消费结构变化

消费结构讲的是消费支出中,吃、穿、住、用、行各项支出占的比例。恩格尔系数讲的是消费结构中,食品支出占整个消费支出的比重。随着人们生活水平的提高,恩格尔系数逐步降低,用于吃的比例减少,用在住房上的消费越来越高,支撑住房消费的基础越来越深厚。恩格尔系数下降以后,必然会把可支配收入转向住房消费,所以必须关注这个指标。

3.2.2 总体市场态势

总体市场态势分析主要是对项目所在城市的宏观经济运行情况和政府相关的政策法规进行分析,主要包括以下几方面内容:

1. 宏观经济运行状况

宏观经济运行状况主要是对国内生产总值、固定资产投资、社会消费品零售总额、商品零售价格指数、居民消费价格指数、商品住宅价格指数等指标的分析,同时要了解城市经济社会发展的主要预期目标,在这里主要就国内生产总值进行详细说明。

国内生产总值是指国内所赚到的总收入,包括外国人拥有的生产要素赚到的收入用于国内生产的物品与劳务的总支出。它由消费、投资、政府购买和净出口构成,衡量的是一个国家的经济总量,人均 GDP 评价的是一个国家的富裕程度。在经济学界,人们更多地拿人均 GDP 作为划分经济发展阶段的重要指标。

在房地产市场分析中,解读有着非同寻常的意义,这是因为:

第一，房地产业作为国民经济的支柱产业，扮演着推动国民经济发展的主要角色。房地产业对于经济增长的作用，不仅在于其直接贡献，由于其可以带动建材、冶金、化工等多个行业的发展，从而对我国经济增长有着巨大的间接贡献。

第二，房地产是典型的周期性发展行业，房地产的发展周期与国民经济的发展周期一样，也会经历从萧条到复苏的四个阶段，而且同步伴生性的特征非常明显。

第三，根据世界银行研究报告，住宅需求与人均水平有着非常紧密的相关性。一个国家住宅产业在人均 300 美元时开始起步至 1300 美元时，进入稳定的快速增长期，住房消费将持续发展。

第四，城市化水平与人均 GDP 有正相关性的规律。按照此规律，人均 GDP 增加，城市化水平就会加强，这样住房消费也就会增加。

2. 政府相关的政策法规

我国对房地产市场的宏观调控主要通过行政手段、经济杠杆、法律规范等方式进行，通过政策的扶持或约束，以政策确定性引导房地产市场，实现房地产市场的宏观调控。处于市场培育发展阶段的我国的房地产市场在很大程度上是一种政策市场，制定科学的、相对稳定的发展政策对我国房地产市场的培育与正常发展显得十分重要。因而，在我国对房地产市场的政策调控中，产业政策是灵魂。所谓产业政策是指为优化产业结构，实现产业结构现代化，协调房地产业与国民经济各部门的关系，实现房地产市场良性循环而制定的一系列政策体系。

对处于转轨时期的中国来说，政府不但是经济体制改革的推动者和经济制度变迁的供给者，同时还是产业政策的制定者和宏观经济的调控者。这样一来，政府行为的确立与变动，也就成为影响经济运行的重要因素。在房地产经济运行过程中，由包括房地产业体制和房地产业政策供给者、房地产经济运行管理者构成的政府行为，对房地产经济波动的形成与传导产生了重要影响。

政府政策对房地产业发展的影响主要通过以下方面来体现：其一，政府对土地资源的开发和使用计划直接影响到土地的供应，从而影响到房地产业的开发状况；其二，政府的各项税费会影响到房地产的价格，从而影响到房地产的销售状况；其三，政府对房地产交易所采取的政策会影响到房地产的流通状况。

基于以上分析，在房地产市场分析中，主要需了解以下几方面政策法规：

(1) 政府对各类住宅的开发和流通方面的政策法规。

(2) 政府关于商品住宅在金融、市政规划等方面的政策和法规。

(3) 政府在项目所在地及项目地块周边的短中期市政规划计划。

3.2.3　项目所在地房地产市场概况

项目所在地房地产市场概况主要分析内容见表 3-1。

第3章 房地产市场环境分析

表 3-1　项目所在地房地产市场概况分析内容

第一层内容	第二层内容	第三层内容
房地产市场主要指标情况	土地出让面积 房地产开发投资 商品房施工（新开工）竣工情况 商品房供需情况 商品房价格 经济适用住房建设情况 存量房市场 房屋租赁登记备案 城市房屋拆迁情况 房地产金融	
房地产市场主要指标评价	国民经济协调关系指标	房地产开发投资额/全社会固定资产投资 房地产投资增长速度/GDP增长速度 土地出让面积/GDP
	同市场协调关系指标	销售面积/竣工面积
	同内部协调指标	商品房施工面积/商品房竣工面积 新开工面积/施工面积 住宅竣工面积/所有商品房竣工面积 存量房交易面积/全部商品房销售面积
房地产市场特征分析	商品房市场供求总量分析 商品房销售价格趋势分析 项目区域分布特点分析 金融信贷政策分析	
	商品住房消费特征	商品住房购买对象结构 商品住房购买户型结构 商品住房购买价位结构 商品住房购买用途

3.3　房地产项目市场环境分析的方法

3.3.1　定性分析法

定性分析法主要包括 PEST 分析法、外部因素评价矩阵（EFE 矩阵）、环境威胁机会矩阵等方法。

1. PEST 分析法

房地产项目市场环境是一种不断变化的环境，应对这种环境变化的能力是项目成功的关键所在。PEST 分析法就是从政治(Political)、经济(Economic)、社会(Social)和技术(Technological)四个方面分析影响项目发展的主要外部环境因素。图 3-2 显示了 PEST 分析的一般内容。

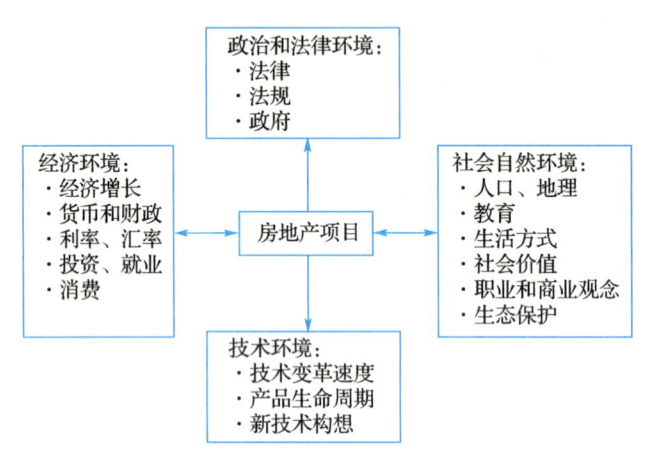

图 3-2 PEST 分析的一般内容

需要注意的是,PEST 分析法仅仅提供了一个分析的框架,远不够完善,大量的指标需具体到环境中才有意义,需要针对不同的项目进行环境发掘。

2. EFE 矩阵

EFE 矩阵(External Factor Evaluation,EFE 矩阵)——外部因素评价矩阵,将影响项目发展的关键外部因素信息输入分析评价体系,可综合评价经济、社会、人口、环境、政治、法律、技术及竞争等方面的信息。

EFE 矩阵是对关键外部因素进行分析评价,是通过对项目的外部环境给项目带来的机会和威胁进行打分的方法。其分析步骤如下:

(1)列出分析过程中一个确定的外部因素,包括机会与威胁,先列机会后列威胁,尽量具体。

(2)赋予各因素权重 0.01～1(不重要—重要),权重表示对于项目取得成功的影响的相对大小性,权重和等于 1。

(3)赋予项目反应评分。1～4 分:"1"表示反应很差;"2"表示反应为平均水平;"3"表示反应超平均水平;"4"表示反应很好。

(4)权重分别乘以评分,得出每个因素加权分数。

(5)将所有因素的加权分数相加,得到项目的总加权分数。"4.0"为最高分,"2.5"为平均分,"1.0"为最低分。

3. 环境威胁机会矩阵

对于房地产项目而言,并不是所有的市场机会都那么有吸引力,都要采取措施加以利用,也并不是所有的环境威胁都那么严重,都需要采取措施加以防范。

利用环境威胁机会矩阵可以识别环境中哪些是可能造成重大威胁或带来重大机会的要素。

第3章 房地产市场环境分析

环境发展趋势基本上可以分为两大类一类表示环境威胁,另一类表示环境机会。环境威胁是指环境中一种不利的发展趋势所形成的挑战。房地产项目环境威胁的分析主要从两方面考虑:一是分析环境威胁对企业的影响程度,二是分析环境威胁出现概率的大小。环境机会是指对项目富有吸引力的因素,对环境机会也要从两方面进行评价:一是市场机会给项目带来潜在利益的大小,二是市场机会出现的概率大小,可以分别利用威胁分析矩阵和机会分析矩阵将所考虑的两方面结合起来进行分析,具体如图 3-3 和图 3-4 所示。

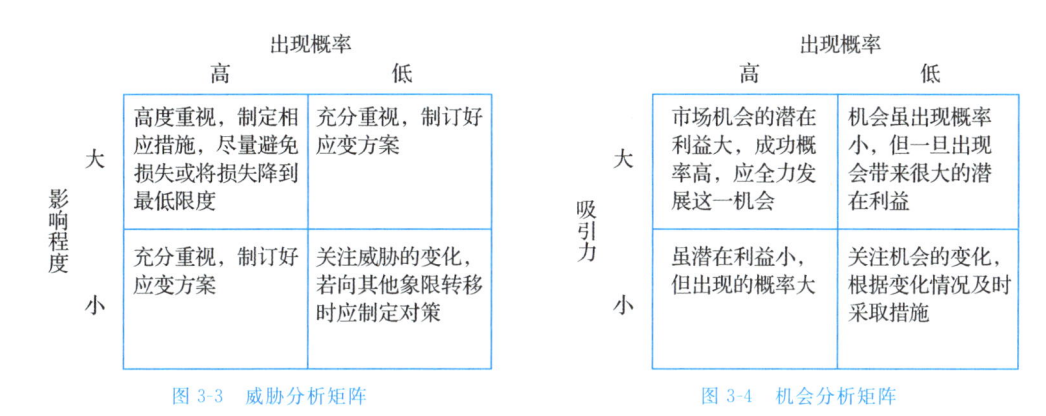

	出现概率 高	出现概率 低
影响程度 大	高度重视,制定相应措施,尽量避免损失或将损失降到最低限度	充分重视,制订好应变方案
影响程度 小	充分重视,制订好应变方案	关注威胁的变化,若向其他象限转移时应制定对策

图 3-3 威胁分析矩阵

	出现概率 高	出现概率 低
吸引力 大	市场机会的潜在利益大,成功概率高,应全力发展这一机会	机会虽出现概率小,但一旦出现会带来很大的潜在利益
吸引力 小	虽潜在利益小,但出现的概率大	关注机会的变化,根据变化情况及时采取措施

图 3-4 机会分析矩阵

3.3.2 因素打分法

因素打分法,其主要思想是先找出影响房地产项目市场环境优劣的若干重要因素,再对每一个因素打分,评定其好坏、优劣。

具体方法如下:

1. 冷热因素分析法

1968 年,美国经济学家伊尔·A. 利特法克和彼得·班廷在发表的《国际商业安排的概念框架》论文中提出了冷热因素分析法。其基本方法是从投资者的角度归纳出七大环境因素:政治稳定性、市场机会、经济发展及成就、文化一体化、法律阻碍、自然条件的优劣、地理及文化差异,据此对所投资区域评估,并将之由"热"至"冷"依次排列,"热者"表示环境优良,"冷者"表示环境欠佳。

2. 多因素分析法和关键因素分析法

多因素分析法从政治体制、法律体制和经济体制对投资者投资风险影响出发,将环境因素分为政治、经济、财务、市场、基础设施、技术条件、辅助工业、法制、行政效率、文化、竞争十一类,并按其影响力大小分别给予 0.15,0.1,0.15,0.1,0.05,0.05,0.1,0.1,0.05,0.05,0.1 的权重。先对各类因素细分子类,然后据此作出对该类因素各子因素的优、良、中、可、差的判断,并计算出各类因素中属于优、良、中、可、差的百分比,最后按下列公式计算出项目环境得分。

$$\text{投资环境总分} = \sum w_i(5a_i + 4b_i + 3c_i + e_i)$$

其中，w_i 为第 i 类因素的权重，a_i,b_i,c_i,d_i,e_i 表示第 i 类因素被评为优、良、中、可、差的百分比，且 $a_i+b_i+c_i+d_i+e_i=1(i=1,2,\cdots,11)$，投资总分在 11～15 分，越接近 15，投资环境越佳，越接近 11，投资环境越差。

关键因素分析法是从影响项目投资环境的一般因素中，找到影响投资动机实现的关键因素，然后依据这些因素采用多因素分析法对投资环境进行综合评价。

3. 层次分析法

层次分析法，也叫作综合评价法或多层次权重分析决策方法。这种方法把定性分析和定量分析结合起来，具有高度的逻辑性、系统性、简洁性和实用性，是针对大系统、多层次、多目标规划决策问题的有效决策方法。其基本思想是，运用现代决策分析中的定量方法来分析评价项目环境的优劣，模拟各因素变化对环境的确切影响，从中找出关键因素，进而找到改善环境的方法和途径。

这种方法的基本原理就是把所要研究的复杂问题看作一个大系统，通过对系统的多个因素的分析，划分出各因素间相互联系的有序层次，上一层次的元素对相邻的下一层次的全部或部分元素起着支配作用，从而形成一个自上而下的逐层支配关系。然后请专家对每一层次的因素进行客观判断，给出相对重要性的定量表示，进而建立数学模型，计算出每一层次全部因素的相对重要性权重值，并加以排序，最后根据排序结果进行规划决策和选择解决问题的措施。

思 考 题

1. 房地产的外部环境因素包括哪些？
2. 阐述房地产市场环境的特点。
3. 阐述房地产市场的分析内容。
4. 阐述房地产项目市场环境的定性分析法。
5. 阐述房地产项目市场环境的因素打分法。

第 4 章

房地产市场需求分析

学习要点

本章对房地产市场需求分析进行了理论阐述与实践问题探讨,首先在理论上界定房地产需求的内涵、分类、特点及其影响因素,在阐述房地产需求分析内容基础上,阐述房地产需求分析的方法和过程。

通过本章学习,学生能够掌握房地产需求分析的内涵、分类、特点及其影响因素,掌握房地产需求分析的方法,熟悉房地产需求分析的过程,并且能够将上述理论应用于消费者调查问卷的制定上。

消费者的需求代表着市场需求,决定着市场容量的大小,满足消费者需求是企业生产经营活动的出发点和归宿点。因此,房地产市场的需求分析主要就是进行消费者需求市场研究。

消费者市场研究是指在对市场环境、人口特征、生活方式、经济水平等基本特征进行研究的基础上,运用各种市场调研技术和方法,对消费群体的认知、态度、动机、选择、决策、购买、使用等阶段实现自身愿望和需要进行深入系统的研究,为企业测定市场潜力、界定市场目标,制定产品开发、生产策略和营销策略提供完整的消费者市场研究成果。

4.1 房地产需求概述

4.1.1 房地产需求的内涵

房地产需求可以分为房地产的有效需求和潜在需求。

房地产需求一般是指在一个特定时期内,消费者或投资者在各种可能的价格下,愿意而且能够购买的房地产数量,这也称为房地产的有效需求。

(1)房地产有效需求是指人们有支付能力的住宅货币购买力。它一般是居民收入、住宅价格、抵押贷款能力等因素的函数。

(2)房地产潜在需求是指过去和现在尚未可能转化为实际购买力的需求,表现为消费者对房地产的消费欲望,也称为需求能力。

住宅的潜在需求一般受人口数量、婚姻状况、家庭户数、居民年龄、性别等变量的影响,其中人口数量是影响住宅需求的最主要因素。

4.1.2 房地产需求的分类及特点

1. 房地产需求的分类

房地产需求按目的可以划分为投资性需求、生产性需求和消费性需求三种。相应的,房地产产品的基本用户也可以分为以下三种:

(1)投资性房地产用户。这种用户对房地产的需求不是为了自己使用,而是为了将房地产作为投资对象,也就是说,将房地产作为投资品,通过投入资金、劳动力、技术等要素,改变原有的房地产性能、结构和形式,以新的使用价值和价值形式把房地产提供到市场上,通过出售或出租房地产获得利润。一般来讲,这种用户往往是房地产开发企业或一些个人投资者。

(2)生产性房地产用户。这种用户对房地产的需求不是为了用于消费而是作为生产和经营场所,为生产或经营提供活动空间或场地。这种类型的房地产用户主要包括企业、经营性事业单位及个体工商业者等。

(3)消费性房地产用户。这些用户对房地产的需求主要是为了自己消费。这种类型的房地产用户包括个人、国家机关和事业单位等。这些单位和个人需要的房地产主要是住宅和办公用房等。

2. 房地产需求的特点

房地产产品既是生活资料,又是生产资料,同时具备生存资料、享受资料和发展资料三种效用,是一种特殊商品,具有与一般商品不同的需求特性。

(1) 普遍性

房地产是生活和生产必需的物质资料。不论是个人的生活还是企事业单位的生产经营活动,都需要有房地产产品作为其生活、生产的物质基础。房地产需求具有普遍性。

(2) 区域性

房地产需求的区域性是指不同区域有不同的生活习惯、风俗,人们对房地产的需求会有不同的偏好。

(3) 多样性

人类社会生产和生活的多样性,决定了房地产需求的多样性。房地产的多种使用价值或多种效用,使满足房地产需求的多样性成为可能,为房地产基本用户提供了多种选择的机会,满足了对房地产各方面的需求。

(4) 层次性

房地产可以满足不同的消费者对于生存、发展和享乐等不同层次的需求。因需求层次的不同,其需求弹性也是不同的。

(5) 消费和投资的双重性

房地产需求的双重性主要体现在:房地产既是消费品又是投资品。一方面,房地产可以作为消费品,作为消费者生活、生产的场所;另一方面,土地资源在稀缺时,房地产一般会保值或升值,比如可以带来租金收入,因而它又是极好的投资品。

(6) 可替代性

体现在两个方面:一是房地产租赁的需求和房地产买卖的需求具有一定替代性;二是作为投资品,房地产需求与股票、债券、期货等其他投资工具具有一定的可替代性。

(7) 连续性和间断性

从社会整体来看,经济社会每时每刻都在发展,人口在增长,因而随时随地都有对房地产的需求,这就是房地产用户对房地产需求的连续性。房地产是耐用消费品,使用价值存在的时间很长,一次购买可以满足很长时期的消费需求,但对于具体单位和特定的个人,房地产的需求则是间断的。

4.1.3 影响房地产需求的因素

1. 城市人口的数量变化

人口的增长量和增长幅度与住宅的需求量的增长及其增长的幅度有直接的关系,它是影响住宅需求的主要因素之一。城市人口增长包括两个方面:

(1) 人口的自然增长量。即城市人口出生数超过人口死亡数,一般是用出生率减去死亡率即人口的自然增长率来表示。

(2) 人口的机械增长量。即流入城市大于流出城市的人口数,一般用人口的机械增长率来表示。

2. 家庭人口结构的变化

家庭人口结构的变化对住房需求总量和分类住房需求量有着重大影响,并引起住房设计、住房建设、住房流通的变化。反映家庭人口结构的指标有：

(1)家庭平均人口数。这是反映家庭人口结构的主要指标。一般家庭平均人口数越小，对住房的需求量越小。

(2)家庭人口年龄结构比例。家庭人口年龄差距大，一般要求分开居住，那么对住房的需求就越大。

(3)家庭人口性别情况。如果大龄异性子女多，所需房间要多，反映到住宅需求上，对住房需求量就大。

3. 收入水平

消费者只有住房愿望还不能真正成为现实需求，其必须有支付得起购房费用的能力，只有能支付得起购房费的购房需求才是有效需求。收入水平对住房要求可以从三个方面反映：

(1)家庭平均收入。平均收入高的家庭对住房的需求量就大。

(2)收入的差别水平。当存在一定水平的收入差别时，那些高收入的家庭更有能力购买房子，更可能成为住宅的有效需求者。

(3)户均存款数。户均存款数增加了，意味着人们的购买能力增加了，相对来讲对住房的需求也就会增加。

4. 住宅价格

住宅价格是决定住宅需求量的非常重要的因素之一。一般住房价格越高，需求量就越小。

5. 住宅价格的预期

住宅价格的预期变化对住宅的需求量是有影响的，这是由房地产具有投资和投机的性质决定的。如果价格预计要上涨，那么投资和投机的人将提前购买房地产，促使需求增加。反之需求将减少。

6. 生活水平的提高

随着人们生活水平的提高，人们对居住条件、面积、质量、环境等的要求也相应增加，从而促使住宅需求增加。

7. 住宅的自然淘汰、城建拆除和自然灾害形成的住宅需求

无论是因为住宅被自然淘汰，还是因城建拆除和自然灾害造成的住宅减少，都会使人们向住宅市场提出新的住宅需求，形成住宅需求量。

8. 住宅出租市场情况

对住户而言，租房和买房是可以替代的。因此，要研究该地区可供出租的住宅数量以及这些住宅的设施、服务标准、租金和出租价格，并分析客户的动向和心理，预计能否吸引租房客户转到购房的行列来，及其能够转移的数量。

9. 有关竞争对手情况

在进行单个开发项目的供需分析时，对手情况对开发项目的需求有很大的影响。有关竞争对手的情况包括：其他开发商在建造或已建成为出售或出租的住宅规模、质量、价格、服务水平、设施等情况。

10. 其他因素

如职业、青年结婚人数等都是影响住宅需求的因素。

4.1.4 房地产项目需求分析的框架（图 4-1）

公开数据分析
固定样本研究
专题调查研究
定性分析技术
定量分析技术

消费者基本特征
消费者产品需求
消费者购买行为倾向
消费者购买力
消费者信息来源渠道
对开发商的认知情况
对项目的认知情况

市场潜力测定
目标市场选择
产品开发决策
价格策略制定
形象定位策划

图 4-1　房地产项目需求分析的框架

4.2　房地产需求分析的内容

满足消费者的需求，是房地产开发商和经营者生存的理由与迫切的需求。房地产企业只有从消费者的需求出发，开发出令消费者满意的住房，才有可能取得良好的销售业绩和经济效益。因此，房地产企业必须了解和熟悉住房消费者，这就需要对消费者市场进行研究。

消费者市场研究涉及的研究内容较多，陈琳和潘蜀健在《房地产项目投资》一书中提出，研究消费者就是回答七个问题（6W＋H），即哪些人买（Who），什么样的房子（What），为什么买（Why），谁参与买（Whom），如何买（How），何时买（When）和买何地（Where）。即在房地产市场里分析谁是使用者与购买者，其购买与使用什么类型的房产，购买使用的动机是什么，何时、何地以及如何购买。

1. 消费者基本特征研究

消费者基本特征研究内容主要包括消费者的年龄、学历、性别、收入、职业以及家庭结构等。

2. 消费者需求和倾向研究

（1）未来三年内置业意向研究

未来三年内置业意向研究主要包括购买动机与次数、购房区域选择、投资意向调查、房地产投资区域选择、项目所在地房价预测等。

(2)消费者产品需求研究

消费者产品需求研究就是对消费者的购买偏好进行研究,主要包括户型、面积、楼型、楼体结构、建筑风格、交楼标准、相关配套智能化设施、车库、供暖方式及其他商业配套设施等。

(3)潜在消费者购买行为倾向和购买力研究

其内容主要包括购买决策意见征求途径,购买商品房决定和影响因素重要性排序分析,心理价位测定消费者可接受的商品房单价和总价,付款方式的选择按揭,首付款额,愿意承担的月供金额。

3. 媒体认知研究

媒体认知研究主要是对消费者的信息来源渠道进行分析。

4. 开发商和项目认知情况

开发商和项目认知情况主要包括对开发商的认知情况、对项目的认知情况、对项目地块兴建住宅的看法、对项目所在地的第一感觉等,这一部分内容可为项目定位提供参考依据。

4.3 房地产需求分析的方法

4.3.1 市场调研技术

市场调研技术包括现成资料收集法、固定样本调查法、专门调查法和心理评估法等。

1. 现成资料收集法

现成资料收集法是根据市场研究的任务和要求,运用科学的方法,有计划、有组织地向市场收集已有的相关资料。

2. 固定样本调查法

所谓固定样本调查,与一般市场调查的流程类似,是先用随机抽样法选出调查对象,对被选择出来的人或户,反复进行调查的方法,也称为固定样本连续调查。这种样本并不是经年累月地固定,通常根据样本固定的时间做循序渐进的替换。在市场调查研究中,消费者固定样本调查,通常用于了解整个市场的动向、多品牌市场占有率、季节需要的变动、品牌忠诚度等信息,这些信息是决定市场运营策略不可缺少的基本数据资料。

3. 专门调查法

专门调查法是出于特定目的,针对特定问题,按收集提纲的要求专门组织的调查方法。专门调查法按调查对象的范围不同,可分为普查、重点调查、典型调查和抽样调查。

4. 心理评估法

心理评估法又叫问卷法,它是房地产需求市场分析中最常用的办法。这种方法主要是针对待开发项目周围的人们心理的归类研究,从而根据人们对待事物的态度和应对办法得出待开发项目的真实情况,总结出待开发项目的某些特征和趋势。

4.3.2 定性分析技术

定性分析技术包括焦点座谈法、访问法和观察法等。

1. 焦点座谈法

焦点座谈法又叫小组座谈法,是由一个经过训练的主持人以一种无结构的、自然的形式与一个小组的被调查者交谈,通过倾听一组从调研者所要研究的目标市场中选择来的被调查者,从而获取对一些有关问题的了解的方法,这种方法的价值在于常常可以从自由进行的小组讨论中得到一些意想不到的发现。

2. 访问法

访问法是指将所拟调查的事项,采用面对面、电话或书面的形式,向被调查者提出询问并获得所需资料的过程。这种方法可以用于事实、意见和动机的询问。

3. 观察法

观察法是指不通过向被调研对象进行提问,而是由调查人员或仪器在调查现场从旁边观察记录消费者的与调研主题相关的活动,而以该活动的聚集作为调查结果的方法。因此,在实施调查时,被调查人可能没有感觉到调查正在进行,这样可以避免被调查人的主观意见对调查结果产生影响。

4.3.3 定量分析技术

定量分析技术包括聚类分析、因子分析、交叉列联分析、回归分析、联合分析、模糊分析等。

1. 聚类分析

聚类分析主要用于辨认具有相似性的事物,并根据彼此不同的特性加以"聚类",使同一类的事物具有高度的相同性。说得简单一点,聚类分析就是把事物按其相似程度进行分类,并寻找不同类别事物特征的分析工具。目前,有许多软件都携带有聚类分析模块,如统计分析软件,操作运行都比较简单。

2. 因子分析

因子分析就是用少数几个因子去描述许多指标或因素之间的联系,即将相关比较密切的几个变量归在同一类中,每一类变量就成为一个因子。之所以称其为因子,是因为它是不可观测的,即不是具体的变量。这与聚类分析不同,聚类分析以较少的几个因子反映原资料的大部分信息。

3. 交叉列联分析

交叉列联分析是同时描述两个或两个以上的变量的关联分布的统计处理技术,并以表格的形式显示,但各个变量的值的数目必须是离散的、有限的。

4. 回归分析

回归分析是在相关分析的基础上,利用数学模型来描述因变量和自变量之间的数量关系,模型通过各种统计检验后,即可利用这一模型来解释问题、分析问题。

5. 联合分析

联合分析是通过假定产品具有某些特征,对现实产品进行模拟,然后让消费者根据自己的喜好对这些虚拟产品进行评价,并采用数理统计方法将这些特征与特征水平的效用分离,从而对每一特征以及特征水平的重要程度作出量化评价的方法。

6. 模糊分析

模糊分析是指用模糊数学理论分析处理市场研究中模糊现象的一种分析方法,它是市场研究不确定性分析中最常用的一种分析方法。

4.3.4 潜在需求量的估算

(1)各片区需求潜量预测的点估计值,是各片区户数、各片区符合访问条件如收入、年龄等比例、此区域各年份打算购房的比例。

(2)总体需求潜量预测的点估计值,是总体户数、总体符合访问条件如收入、年龄等比例、打算购房的比例。

4.4 房地产项目需求分析的过程

住宅房地产项目需求分析一般采用定性和定量相结合的方法进行研究。首先通过二手资料的收集对住宅房地产市场的消费者有一个粗略的了解,同时采用定性研究——焦点小组座谈会,研究对象是房地产规划、设计、推广专业人士、房管以及土地管理等相关部门,通过焦点小组座谈,了解住宅的需求潜力、愿望与要求。在定性研究基础上,参照同类项目的已成交客户划分进一步确定目标消费者,在确定目标消费者之后,通过设计结构式定量调查问卷,并采用多种抽样方式和面对面访问完成一定数量的有效问卷,从而获得定量结果。

针对一个具体的房地产项目,要开展市场需求分析,不是简单地使用一个方法研究某一方面的内容,而是要将上面所说的内容和方法综合起来使用,这样才会达到需求分析预期目的。房地产项目需求分析的具体工作流程如下:

4.4.1 房地产项目市场需求分析方案的制订

房地产项目市场需求分析可以作为一个项目来管理,市场研究方案的制订可以引入由项目生命周期理论、项目过程管理、项目管理的职能领域三个部分构成的项目管理三维模型,这样将项目管理引入市场调查活动,可以解决在市场研究过程中遇到的应变能力差、权利分散的问题,同时可以降低成本、消除延期和提高效率,从而保证了市场调查的全面性、总体性、准确性、及时性,为决策者提供必需的、准确的数据信息。

1. 房地产项目市场需求分析方案的内容

房地产项目市场需求分析方案的内容通常包含调查目的、调查内容、调查采用的方法和样本数量的选取、调查对象的选择、调查区域设置和问卷投放比例、作业进程的执行保障措施、调查工作流程及时间安排、工作人员构架及分工、调查的质量控制、费用预算及其他注意事项等。

2. 方案制订需要注意的几个问题

(1)要注意选样代表性问题

由于消费者的数目庞大,想要调查全部消费者是不现实、不经济的。因此,要在全部消费者中,选择一部分具有代表性的进行调查,即选样或抽样调查。抽样调查方法很多,比较常用的有:

①随机抽样法

随机抽样法是指在整个群体中随机抽取若干个体作为样本,抽样者对于个体不作任何有目的的选择,全体中所有个体均有被抽取的机会。常用的抽样法有等距抽样、任意抽样、利用随机号码表。

②计划抽样法

计划抽样法是按照某种标准,从全体对象中选取若干数目作为样本。所谓标准,多数情况是指中等形状、中等程度、中等品质或中等数量。例如,地况调查表选取中等价格不太高也不太低的土地为调查对象。

③分层抽样法

分层抽样法是将全体按照某种分类标准如性别、职业、收入、家庭状况等级分为若干组,每一组称为一层,然后从每一组中选取一部分个体作为样本。

(2)要注意市场调查人员的条件与素质

在房地产的市场调查研究中,最常运用的方法是询问法与观察法。但是,市场调查人员要做到很好地应用这两种方法,需要经过严格的培训,具备良好素质和市场经验。如果将错误的信息传递给公司,公司将其作为决策依据,后果不堪想象,因此调查人员的素质非常重要。

一般来讲,市场调查人员应当具备如下基本素质:

①基本的房地产专业知识

这是最基本的要求。市场调查人员要不断下功夫研究,并能旁及相关知识,如经济学、管理学、相关法规、广告学等。

②诚恳的态度和良好的人际关系

进行房地产市场调查,要与各种类型的人员打交道,如果不能取得对方的好感和信任,必然会一问三不知,甚至获得许多假的情报,因此需要以诚恳的态度、谦逊的精神,一点一滴地培养人际关系。

③敏锐的观察力

市场调查人员需要有敏锐的观察力,在作调查时,要能够从现场的谈话、神态及行为表现等方面观察、分析、获得有价值的信息。

④言语技巧的磨练

对于调查人员来讲,良好的语言技巧非常重要,在调查交谈过程中,语言表达是否恰当,是否适时地应用旁敲侧击、反问法等技巧,对调查结果都会有很重要的影响。

⑤努力上进的精神

目前,市场调查越来越被重视。随着市场竞争的激烈,市场调查人员的重要性已经得到充分的肯定。同时,市场调查是一件相当艰苦的事情,调查人员需要克服自身的弱点,保持积极乐观向上的精神,正确看待在调查过程中会遇到的冷遇甚至嘲讽,努力进取,最终获得满意的回报。

(3)要注意调研质量的控制

如果调研的质量不高或者存在调研人员弄虚作假,必将使调研失去意义,无法达到预期的效果,甚至会导致致命性的错误决策。因此,一方面要加强调研人员的培训和素质提高,另一方面要加强督导和质量控制。质量控制的主要方法有:

①督导人员实地复核和电话复核。主要复核普查员是否按照指定地址进行普查,复核普查员记录地址的真实程度。

②运用计算机逻辑判断进行重复检查和条件判断检查。

③委托方可以监督中间任何一个环节,并可以任意抽查质量。质量否决实行一票否决,任何一个普查员如被发现有意造假,由其完成的全部地址作废。

(4)要注意市场需求分析的限制

房地产项目市场需求分析要受到以下因素的限制。

①费用的限制

所有的研究报告都有其固定的预算。市场研究者只能在其预算范围内作调查与研究,因此,经常会感到无法充裕地执行其研究计划,研究成果受到多方面的限制。

②时间的限制

市场研究是极费时间的,为了抓住稍纵即逝的市场机会,提供给市场调查人员的时间一般很短,在短时间内提出一份客观详实的市场报告比较困难,这需要市场调查人员做好充分的筹备工作,包括和发展商的联系,明确调查的目的和流程,并争取发展商最有力的支持。

③技能的限制

有经验、经验丰富的市场调查人员和没有经验的市场调查人员的技巧与能力会相差较大,这种个人的市场分析能力和技能对其研究报告的可信度有直接的影响。一个优秀的市场研究人员应当具备多方面的技能,包括统计技术的理解、思维逻辑的方法、归纳与推定的领悟以及资料整理与取舍的技能等。

④偏见的限制

每一个人都会有其主观意识,或多或少有先入为主的成见,这些都将渗入其研究成果之中。因此,遇事不冷静、容易激动以及情绪化的人都不适合作市场的调查与研究工作。市场研究的目的在于为决策当局参考提供重要的资料与客观的报告,不能主观代替决策,精密客观的市场研究可以帮助管理当局作出完善的决策。

4.4.2 调查问卷的设计

市场调查是市场运作中必不可少的一个环节,而问卷调查是市场调查中最有效也是经常被使用的一种方法。在问卷调查中,问卷设计是非常重要的一个环节,问卷设计的好坏甚至决定着市场调查的成功与否。

1. 调查问卷的一般结构

一份完整的调查问卷通常采取以下结构:

(1)问卷的标题及编号。

(2)问卷说明。

(3)被访者基本情况。

(4)调查主题内容。

(5)便于数据整理分析的编码。

(6)作业证明的记载。

2. 调查问卷设计的原则

贾士军在其编写的《房地产项目策划》一书中指出,调查问卷设计的原则有一致性、完整性、准确性、可行性、效率原则和模块化原则,陈琳、潘蜀健在其编写的《房地产项目投资》一书中指出,问卷设计的原则有目的性、可接受性、顺序性、简明性、匹配性五个原则,除此以外,调查问卷设计另外两个很重要的原则是有效性和可靠性原则。

(1)问卷设计的有效性

问卷设计的有效性是指研究人员所设计时的意思和接受访问的人员所理解的意思是一致的,这就说明该问卷或者这一道题目的设计是有效的。如果接受访问的人理解的意思和研究人员所设计的意思不一致,那么这份问卷或这个问题的设计就是无效的。

(2)问卷设计的可靠性

问卷设计的可靠性是指同一份问卷或者同一道问题,多次用来访问同一群人,每一次所得到的答案都大致相同。这样我们就认为这一份问卷或者这个问题的设计是可靠的。

3. 问卷设计中应注意的问题

根据调查行业和调查方向的不同,问卷的设计在形式和内容上也有所不同,但是无论对于哪种类型的问卷来说,在设计过程中都必须要注意以下几个要点:

(1)明确调查目的和内容,问卷设计应该以此为基础。

(2)明确针对人群,问卷设计的语言措辞选择得当。

(3)在问卷设计的时候,就应该考虑数据统计和分析是否易于操作。

（4）问题数量合理化、逻辑化、规范化，设计问题时应注意的事项：

①问题要力求简单清晰，使被调查人一看就能明白问题的内容。

②问题本身不用模棱两可的话语，运用简单通俗的文字。一个问题不能有两个以上的主题或内容。

③问题的文字间不要使用有引导性的问句，不要含有暗示。

④避免提出涉及私人的问题，避免提出不合理问题。

⑤注意问题的排列顺序。前几个问题设计得简单有趣，以引起被调查人的兴趣和合作。问题的衔接要合理、自然，避免因主题的改变造成被调查人理解上的混淆。

4.4.3　调查问卷的数据处理与整理分析

房地产项目市场调查所收集的第一手大量资料多是原始的、分散的、片面的，通常是零星的、杂乱的，不能够系统地说明问题，而且这些数据也难免有虚假和差错，如果简单地把这些数据直接运用到项目分析中，可能会得出错误的结论，使得整个项目的可行性分析失去意义。因此，要想使所调查的大量资料能针对调查目标反映调查针对性的基本特征，保证房地产项目市场调查的质量，就必须保证数据资料的真实、准确和完整，对这些原始数据进行处理分析、分类归纳，提炼出有价值的信息。

1. 资料的整理

从被调查者处收集来的资料千差万别，在编制调查报告之前，必须先进行资料的整理，这样做也有利于资料的保存。主要有以下过程：

（1）编辑

编辑的目的在于发现并剔除调查资料中的不可靠、不准确甚至是错误的部分，如调查人员的主观偏见，答复者有意敷衍或不精确回答，有矛盾的答复等。

（2）编码

给每个问题的答案进行编码，用数字符号代表答案，使资料易于编入适当的类别，更有利于录入计算机进行处理，为对每个问题进行表格化和统计分析做准备。

（3）统计制表

对有效调查问卷上取得的每个问题的答案进行统计，并制成统计表和统计图，以便分析和归纳。

（4）分类归纳

针对问卷上的问题，按照消费者基本特征、消费者产品需求、消费者购买行为倾向、消费者购买力、消费者信息来源渠道以及对开发商和项目认知情况进行分类，并把相应的问题答案图表归结到相应的类别中去。

2. 数据处理分析

数据处理是指依据一定的统计分析方法，通过分析调查研究过程中获得的资料和数据，探索调查对象的发展方向及其变化规律。

(1) 数据处理的方法

在房地产项目市场调查数据处理中,因为调查的目的侧重于应用,对数据的时效性要求很高,所以常用一些数学和统计分析方法进行数据处理,主要是应用聚类分析和交叉分析,常用的问卷数理统计方法如图 4-2 所示。

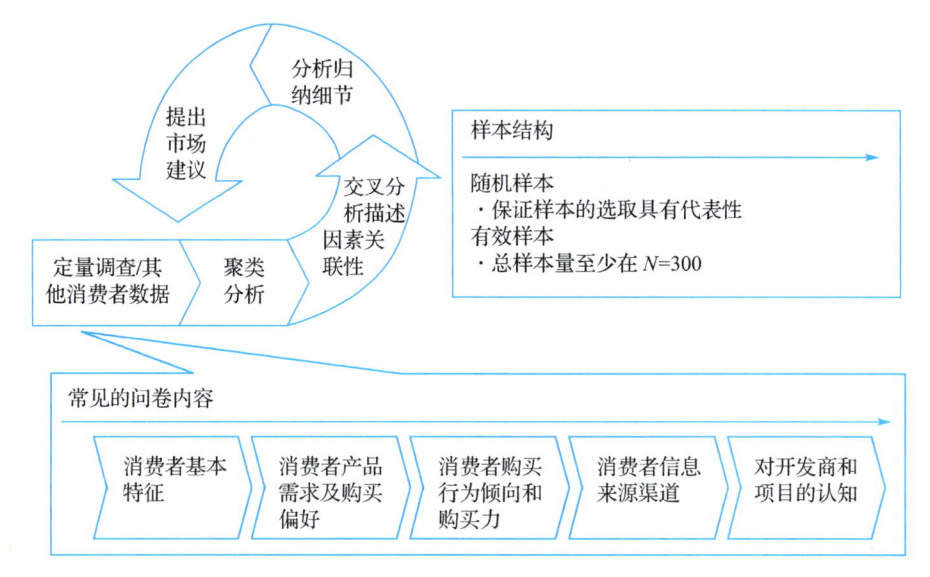

图 4-2　常用的问卷数理统计方法

现在用于制表和统计分析的软件很多,如 SPSS、SAS、EXCEL 等,分析时若擅于借助这些软件进行数据处理,定会达到事半功倍的效果。

(2) 数据分析及初步市场需求分析建议

根据调查问卷的调查数据,通过数理统计分析,对产品细节、小区配套、区域认同度及其他方面进行总结分析并得出相关结论,在此基础上,从消费者需求分析中梳理出产品方向,对产品的市场定位、消费者定位、价格定位、建筑风格、园林风格、产品形态、户型、户型比例、面积、社区配套等方面提出相关建议,但产品的最终定位还需结合宏观及区域市场趋势进行综合分析。

思 考 题

1. 阐述房地产需求的内涵及其特点。
2. 影响房地产需求的因素有哪些?
3. 阐述房地产需求分析的内容。
4. 房地产需求分析的方法有哪些?
5. 房地产需求分析的过程是怎样的?
6. 制定一份消费者需求分析调查问卷,并对其进行分析。

第 5 章

房地产市场供给分析

学习要点

本章对房地产市场供给分析进行了理论阐述与实践问题探讨,首先在理论上界定房地产供给的内涵、特点及其影响因素,其次阐述房地产供给分析的内容,其中包括区域市场供给分析的内容,区域在售竞争楼盘的分析内容以及潜在供给分析内容,最后阐述房地产供给分析的方法。通过本章学习,学生能够掌握房地产供给分析的内涵、特点及其影响因素,熟悉房地产供给分析的内容,掌握房地产供给分析的方法。

市场供给是指在一定时期和一定市场范围内可投放市场出售的商品总量,又称市场可供量,或者市场供给潜力。房地产区域市场供给是指项目所在区域在一定时期内可投放市场销售的房地产产品数量。

5.1 房地产市场供给分析概述

5.1.1 房地产市场供给的内涵

房地产市场供给是指房地产开发商或者房地产持有者在某一特定时期内,在一定价格水平下愿意并且能够租售的房地产商品的数量,也称为房地产的有效供给。

房地产市场供给一般是房地产价格、开发成本、房地产存储量等因素的函数。潜在供给是指在一定时期内社会正在开发和即将开发的房地产总量。

房地产的供给就某一时点来说,有已经建成投入市场的现实供给量,也有正在建设或即将建设的潜在供给量。由于房地产经久耐用并且有投资价值,所以房地产的供给者除了有房地产开发企业,还有大量的房地产所有者,而非房地产开发者。

5.1.2 房地产市场供给的特点

房地产市场供给除了具备一般的供给特征外,因其自身特性还具备以下特征:

1. 滞后性

由于房地产开发过程需要花费一定的时间,因此房地产的供给不可能及时随需求的变化而变化,在时间上存在滞后性。

2. 缺乏弹性

土地资源的有限性使得土地供给具有刚性的特征,这样房地产的供给就表现出缺乏弹性,短期内甚至无弹性。

3. 多样性

消费者对房地产使用价值的不同需求,使房地产商品的供给呈现出多样性,主要体现在房地产供给产品的多样性,如有经济房、高级公寓、别墅等。

4. 层次性

房地产的供给者有两个层面,即开发商和非开发商——存量房的原产权人,所以房地产供给也具有层次性。

5. 风险性

由于房地产生产周期较长,而其产品本身价值又较高,即使按照市场现在的供需情况拟订的项目开发方案是可行的,但是竣工后仍有可能因为经济形势或其他条件发生变化造成房地产商品积压或滞销,给开发商带来巨大的风险。

5.1.3 影响房地产市场供给的因素

由于住房供给存在的长期性,了解房地产市场供给的影响对房地产区域市场供给分析有非常重要的意义。影响房地产市场供给的主要因素有:

1. 房地产开发成本

房地产的开发成本直接影响着开发商利润的获得,所以开发成本的高低直接影响着房地产的供给。虽然有时开发企业的目标也不一定完全是追求利润最大化,而是追求社会效益,如"安居工程",但这种情况至少也是保本经营。

2. 房地产本身的价格

一般情况下,当房地产价格上涨时,房地产供给会增加,反之,房地产供给会减少。

3. 开发商素质及其对未来的预期

有经验、高素质的供应商善于预测住房市场未来的价格和需求情况，房地产供给者预期房地产投资回报率高时，房地产供给往往会增加。

4. 房地产投资来源和数量

房地产投资量大，建设周期长，如果没有多渠道融资和大量的资金支持是难以为继的。住房业投资除部分是企业自有资金外，大部分要通过银行和各类机构筹集，银行及各类金融机构的投资规模、贷款投向、出资方式、利率水平都会给住房供给带来直接影响。

5. 政府政策

政府采用的鼓励或限制投资的政策以及税收信贷政策都会影响房地产供给。

6. 房地产开发与建设能力

房地产开发与建设能力主要指可供开发土地的数量及对土地开发的合理程度。一个时期可供开发的土地数量取决于经济发展水平、房地产业本身的发展水平以及旧城改造状况等。

7. 旧房的数量和质量

若旧有房屋数量小或破旧程度严重，就会加强旧房改造，自然会刺激房地产供给。

5.1.4 房地产市场供需作用的特点

1. 房地产市场的供给弹性小于需求弹性

从经济学的角度分析，房地产市场的需求弹性是大于供给弹性的，换句话说，也就是房地产市场中购房者对价格的敏感性要大于开发商对价格的敏感性。下面以房地产中的主流产品商品房住宅为例来说明这个问题。

从需求的角度：首先，住宅是一种耐用品，耐用品的需求弹性要大于粮食等非耐用的生活必需品。对于很多消费者而言，购房可能就是一生只进行一次的消费行为，在进行消费决策的时候势必十分谨慎，对价格会有相对周密的考察。其次，购房是单笔大金额消费，单价的变动对支付总额的影响较大。再次，除了购房，消费者有很多替代选择，比如，和父母亲友合住、住原有的老房，或者租房，因此，如果对价格不满意，消费者可以延迟或取消购房行为，而且不用为这种消费行为的变更付出太大的成本。所以，综合多方面因素可以看出，消费者的购房行为事实上具有较大的弹性，购房者对于价格具有较大的敏感性。

从供给的角度：首先，这个市场上已经有数量庞大的开发商，可以为需求提供足够的供给量。其次，该行业的实际利润较高，即使利润压缩，也有较大空间。再次，房地产项目的投资额大，运作周期较长，前期要投入巨大的铺垫资金，所以项目一旦上马，就不易退出，具有较大的刚性。尤其是在楼盘盖好之后，如果总卖不出去，开发商将面临沉重的资金压力，在价格谈判中难免被动。特别是，随着市场的进一步规范，一方面，行业的进入门槛会更高，开发商的沉淀成本更大，退出风险也更大；另一方面，市场中的竞争将更加充分激烈，这将给价格带来更多向下的压力。因此，我们认为房地产市场中供给方的灵活度更差一些，对价格的应变力更弱，弹性更小一些。

2. 需求的变动对房价的冲击更大

既然房地产市场的需求弹性大于供给弹性,我们从理论上也可以得出一个结果,那就是需求的变动对房价的冲击更大一些。从图 5-1 可以看到,需求不变,供给扩大,(x_2-x_1) 即供给曲线由 S_1 到 S_2,市场的均衡价格将由 y_1 下降到 y_3,但如果需求同样扩大 (x_2-x_1) 时即需求曲线由 D_1 到 D_2,市场的均衡价格将由 y_1 上升到 y_2,而 $|y_1y_2|$ 明显要大于 $|y_1y_3|$。也就是说,需求变动导致价格波动的幅度要远大于供给作等量变动时引起价格的波动幅度。

从理论上看是这样,在实际中,需求对于房价的影响比供给更有力,这一现象也完全可以得到证实和理解。

这两点也正是区域在售类比竞争楼盘分析中专门要把价格组合单列出来进行分析的原因。

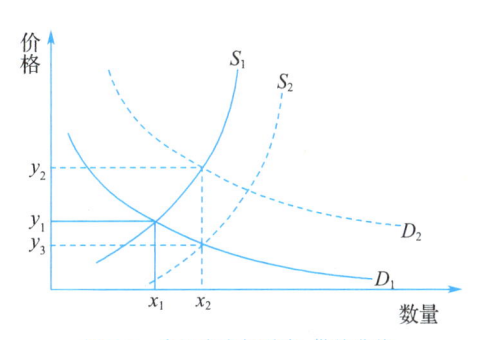

图 5-1 房地产市场需求、供给曲线

5.1.5 房地产市场供给分析框架

房地产市场供给分析框架的制定可参照房地产市场"五维"分析技术路线,如图 5-2 所示。

图 5-2 房地产市场"五维"分析技术路线

5.2 房地产市场供给分析的内容

房地产市场供给分析的主要内容是对项目所在地的房地产商品供给量和供给结构进行分析。由于房地产具有较长的开发周期和一定的地域性、竞争性，所以房地产市场供给分析主要包括项目所在地房地产区域市场供给分析、区域在售类比竞争楼盘分析和潜在供给分析三部分内容。

5.2.1 房地产区域市场供给分析的内容

房地产区域市场供给分析，就是以项目所在区域的房地产为特定的商品对象，对相关的市场信息进行系统的收集、整理、记录和分析，进而对城市房地产区域市场供给进行研究与预测。由于调研的目的及服务的对象不同，调查的广度和深度有所不同，侧重点也有差异。

项目所在地商品住宅市场区域的划分主要是依据建筑及商业、人文特征，遵循政府市政规划的引导，按照地理范围进行划分。房地产区域市场的供给分析，主要内容包括区域分析、区域市场供给现状分析和区域产品特点分析三个方面。

1. 区域分析

区域分析是指在特定区域中，对影响房地产市场的交通路线、区域特征和发展规划这三方面因素的综合分析。区别于单个楼盘的地理位置分析，在具体分析中，区域分析更侧重于整体的分析和宏观评估。

2. 区域市场供给现状分析

区域市场供给现状分析的主要内容包括了解和分析在某个特定的区域范围内，楼盘的总量、类别、位置、分布、楼盘素质、销售情况、配套设施、各类营销手法的市场反映和市场空白点的捕捉等。分析区域产品，其关键在于认真研究区域产品的共同性与特异点，以及市场反应强弱的缘由。如某区域的楼盘，在都是住宅，都是一样的价格，都是一样的品质的情况下，其中的一个卖得相当好，这就是区域产品应该着力分析的地方。

3. 区域产品特点分析

区域产品特点分析主要是对区域内楼盘的销售定位、户型面积情况以及整体价格水平进行重点说明，进而对其项目定位特点进行总结，最后对每个区域的特性进行一个总体评价。

5.2.2 区域在售类比竞争楼盘分析的内容

竞争性楼盘分为两类情形：一类是与所在项目处在同一区域的楼盘，另一类是不同区域但定位相似的楼盘。区域类比竞争楼盘指那些与本项目拟定位的目标客户相同、价格相差不大、距本项目较近的楼盘。房地产供求情况是基于"面"上的调查,针对具体的项目,周边典型竞争楼盘的调查是必不可少的,因为区域竞争楼盘的市场定位与项目的目标市场选择、市场定位直接相关。

区域在售类比竞争楼盘分析内容见表 5-1。

表 5-1　　　　　　　区域在售类比竞争楼盘分析内容表

基本情况	物业名称		物业类型		调查时间		
	详细位置						
	开发商		建筑商				
	物业管理		设计商				
	销售代理商		售楼电话				
	计划开工时间		工程进度				
	计划入住时间		按揭银行				
	总占地面积		建筑面积		容积率		
	土地使用年限		排出时间		绿化率		
产品情况	建筑形式		建筑层数		建筑栋数		
	标准层户数		标准层面积		建筑栋数		
	功能划分	居住		配套公建		非配套公建	
	面积						
	户型	平面户型				跃层	错层	备注
		居	居	居	居			
	销售面积							
	套数							
装修及配套	建筑标准						
	装修标准						
	供暖系统		热水系统				
	保安系统		制冷系统				
	智能化系统						
	公共配套设备						
	康乐商业						

(续表)

	售价		最高价		最低价		均值		总价	
销售情况及营销策略	付款方式		一次付款		银行按揭		分期付款		其他付款方式	
	折扣									
	银行首付			物业管理费			临时定金			
	促销活动									
	销售进度					销售率				
	已售户型比例									
	客户初步分析		居住区:			职业:		集团客户:		
	目标客户定位选择									
	推广主题									
	宣传推广渠道									

5.2.3 潜在供给分析的内容

潜在供给包括新增的潜在供给和存量房潜在供给,具体来讲主要包括以下内容:新增供给也就是通常所说的增量房,主要是指正在办理相关手续的项目,已经开工、在建、已竣工但未交付使用的建筑和已搞好"七通一平"或已成片开发的建筑用地等。这些方面都有可能在一定时期内形成产品,然后进入房地产供给市场,所以都属于潜在供给。

所谓存量房,是指以市场价购买的普通多层商品住宅和高层商品住宅以及房屋产权全部归于购买人所有的房产。存量房是相对于新开发出售的增量商品房而言,其范围比较广,包括二手商品房、开发商未出售的尾房、已购公房等。存量房潜在供给主要是指那些拥有房屋产权的房屋所有人因为投资或其他原因欲将使自己拥有的商品房进入房地产供给市场的部分。

5.3 房地产市场供给分析的方法

从房地产供给的方式上来看,房地产市场供给主要有现有供给和潜在供给。因此,针对现有供给和潜在供给,房地产市场供给分析的方法也就有所不同。

5.3.1 房地产现有供给的分析方法

根据现有供给和潜在供给的含义可以得知,区域市场供给分析和在售类比竞争楼盘分析主要都是对现有供给进行分析,其采用的研究方法也就基本相同,主要采用的是现场调查法。

区域市场和区域在售竞争楼盘的调查数量少则几个,多则十几个,每个楼盘的调查内容很多,信息资料的整理分析至关重要。在实践中,主要是通过现场踩点调查和报刊文献收集相关资料,再结合定性分析方法例如专家意见法、销售人员意见法、深度访谈法对潜在在售竞争楼盘进行综合评价,对竞争楼盘的地块周边环境及配套、楼盘素质、物业形象进行评判,然后制表,逐一进行汇总比较分析,得出相应的供给量和供给量结构,根据其不同面积户型的特点和销售情况,可以分析得出市场需求情况及需求旺盛的总价范围,从而有助于项目定位。通过对区域实际资料的分析,对其区位特性进行评价,从而发现某些市场空缺并确定自己的竞争特色,以确定项目的最佳定位。

在上述的调查中,一定要注意统计取得商品房预售许可的房地产企业销售的期房数,因为期房也是现有的房屋供给量。

5.3.2 房地产潜在供给的分析方法

进行供给分析,不仅要分析上市的供给量,还要分析准备上市的供给量。根据分析采用的依据不一样,潜在供给的分析方法有管道分析法和资料估算法两种。

1. 管道分析法

管道分析法主要依据的是政府审批房地产项目开发的程序和审批过程中形成的各种数据,它把竣工建筑的增量供给比作在管道中的流动,流出管道的是完工的住宅,而土地开发和建设则是管道的投入项目,管道的最初两个投入项除了供开发的土地外,还有开发商在该土地上进行建设所需的各种授权和许可。所以这种方法要求首先搜集项目所在地政府的审批资料。

根据我国的房地产管理法规定,土地出让之前,先由政府进行土地利用的总体规划及功能分区规划,取得土地开发权以后,建设单位要上报建设规划和施工方案,经政府部门批准后获得建设规划许可证和建设工程开工许可证,在获得建设规划和建设工程开工许可证以后,才可以申请预售,得到商品房预售许可后就可以卖期房,这样就进入了现有供给。所以要想得知潜在供给,就必须对取得商品房预售许可证之前的各个环节进行分析预测。根据办理每个许可证的周期和项目的预测期就可以估算未来几年的供给量了。

2. 资料估算法

在无法获得政府审批过程的数据时,可以运用土地供给量的资料进行潜在供给估算,这就是资料估算法的依据。

潜在土地供给量的来源主要有新建城区的土地供给量、旧城区改造过程中可获得的土地量、工业仓储改变用途可供开发的土地量，这三者之和就是潜在土地供给量。用计算出的项目预测期内的潜在土地供给量，乘以住宅建设用地占城市用地的百分比，再乘以平均容积率，就可以得到预测期内潜在供给量了。

潜在供给中的存量房，需要根据房产交易中心的统计资料进行分析和预测，这需要平时注意收集有关二手房市场的相关资料。

5.3.3 弹性系数分析法

弹性系数也称为弹性，是一个相对量，它是指由于某一变量的改变引起另一变量的相对变化。弹性系数在数值上等于两者变化率的比值。一般来说，两个变量之间的相关性越强，相应的弹性系数就越大，反之就越小。

利用弹性系数法进行预测，就是根据两个变量之间的弹性关系，利用已知的或者易于推算的变量的变化率推算另一变量的变化率，从而得到该变量的预测值的方法。在房地产市场可行性分析中，利用此方法主要是利用国民收入、居民人均收入、房地产产品价格等变量的变化率来推算整个市场房地产产品的供给量或者需求量，应用此方法虽然简单易行、灵活广泛，但在房地产市场分析中应用仍有其局限性和片面性，在进行计算时，只考虑了两个变量之间的关系，而忽略了其他因素对这两个变量的影响。因此，使用此方法时要注意：一是房地产的供给本身就缺乏弹性，所以利用此方法预测时更多的是预测对一定阶段的宏观预测，而不是某一时点预测。二是弹性系数可能随着时间的推移而变化，因此需要根据历史数据测算的弹性系数进行修正，最常用的简单修正办法就是取根据历史数据计算的弹性系数的平均值作为预测使用的弹性系数。下面就常用的收入弹性、价格弹性和房地产供给弹性在房地产市场供给分析中的具体应用给予说明。

1. 供给的收入弹性

供给的收入弹性就是房地产产品价格不变时，房地产供给量变化率与消费者收入的变化率之比，即收入弹性供给量变化率收入变化率。在计算房地产产品弹性收入时，收入变量可以采用国民收入，也可以采用居民人均收入或其他可衡量收入水平的收入变量。具体步骤如下：

（1）根据收入弹性的定义和已知年份的房地产产品供给量等数据计算各年间的收入弹性系数。

（2）求各年间收入弹性系数的平均值作为预测年份的收入弹性系数。

（3）根据已知计算收入变量在预测年份的增长率，再代回弹性系数公式中求得预测年份房地产产品供给量。

2. 供给的价格弹性

供给的价格弹性是指在收入水平不变时，房地产商品的供给量变化比例与价格变化比例之比。计算步骤与收入弹性相同，在此不再多述，需要注意的是利用价格弹性既可以推算供给量，也可以推算房地产供给价格，这可以根据具体情况灵活使用。

3. 房地产供给弹性

由于房地产的发展具有一定的周期性,而且与国内生产总值的变化有很大的关系,所以可以利用国内生产总值的变化引起房地产供给量的相对变化来进行房地产供给量的估算,即房地产供给弹性房地产供给量变化率国内生产总值变化率。具体计算步骤和方法也与收入弹性类似。

需要说明的是,弹性系数分析方法既可以用作估算房地产供给量,也可用作估算房地产需求量,其原理相同。

思 考 题

1. 界定房地产市场供给的内涵和特点有哪些?
2. 房地产市场供给分析的影响因素有哪些?
3. 阐述房地产市场供给分析的内容及房地产市场供给分析的方法。

第6章

房地产市场项目定位分析

学习要点

本章对房地产市场项目定位分析进行了理论阐述与实践问题探讨,首先在理论上界定房地产项目市场定位的概念、房地产项目定位分析的特点及其框架;其次阐述房地产项目定位分析的内容,其中包括区域市场项目定位分析的内容以及在项目定位分析时需要注意的问题;最后阐述房地产项目定位分析的方法,具体介绍房地产项目定位的基本方法和实务操作流程。通过本章学习,学生能够掌握房地产项目定位分析的概念、特点及其框架,熟悉房地产项目定位分析的内容,掌握房地产项目定位分析的方法。

随着我国各项法规政策的出台,房地产市场日益规范,激烈的市场竞争已经使房地产市场基本成为买方市场。尤其是住宅房地产市场,市场的饱和性和规范性都要求必须加强住宅项目市场定位的研究。

6.1 房地产项目定位分析概述

6.1.1 房地产项目市场定位的概念

菲利普·科勒特认为,定位是企业设计出自己的产品和形象,从而树立在目标顾客中与众不同的有价值的地位。"定位"一词最早是在 1972 年由美国两位广告经理艾尔·里斯和杰克·屈劳特在《广告时代》杂志上发表文章《定位时代》时提出,并慢慢流行起来的。之后他们在《定位为了得到你的注意而战斗》一文中指出"定位起始于一件产品、一种商品、一次服务、一家公司、一个机构,甚至一个人……然而定位并不是你对一件产品本身做什么,而是你在有可能成为顾客的人的心目中确定一个适当的位置"。

房地产项目市场定位的概念,是从市场营销学中的"市场定位"理论借鉴而来的。房地产项目市场定位就是房地产开发经营者经过对市场研究、技术和资金投入状况等一系列与房地产开发相关的前提条件的调研,利用科学的方法,构思出房地产项目产品方案,从而在产品市场和目标客户中确定与众不同的价值地位,这一过程就是房地产项目的市场定位。

6.1.2 房地产项目定位分析的特点

就具体房地产项目而言,定位分析具有以下特点:

(1)房地产项目定位分析是从消费者的心理谋求定位,而不是以开发或销售者的立场来确定。

(2)房地产项目定位分析是针对特定目标市场,而非整个市场。

(3)房地产项目定位分析是在充分考虑市场风险和市场潜力,以及发展商资金压力的基础上确定的。

(4)房地产项目定位分析是结合本项目区位特点,充分发挥本项目区位环境的优势。

(5)房地产项目定位分析是根据市场制定合适的、差异化优化产品,填补市场空白。

6.1.3 房地产项目定位分析的框架

房地产项目的定位分析是指运用市场调查的方法,对房地产项目市场环境进行数据收集、归纳和整理,在对供需分析细分的基础上形成项目市场定位可能的方向,然后对数据进行竞争分析,利用普通逻辑的排除、类比、补缺及分析等方法确定项目的市场定位。

一般而言,房地产项目定位分析的框架如图 6-1 所示。

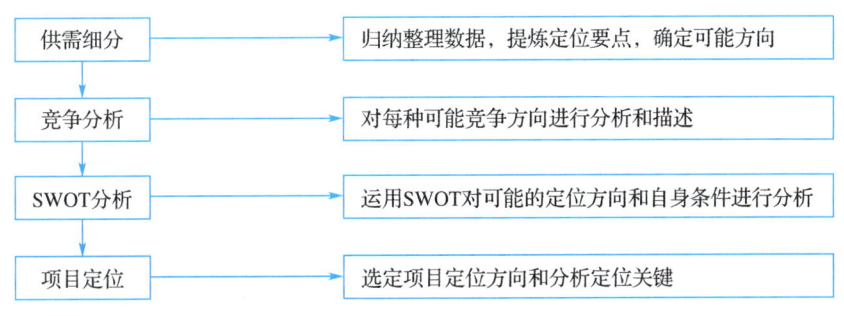

供需细分	→	归纳整理数据,提炼定位要点,确定可能方向
竞争分析	→	对每种可能竞争方向进行分析和描述
SWOT分析	→	运用SWOT对可能的定位方向和自身条件进行分析
项目定位	→	选定项目定位方向和分析定位关键

图 6-1 房地产项目定位分析的框架

6.2 房地产开发项目定位分析的内容及应注意的问题

6.2.1 房地产开发项目定位分析的内容

房地产开发项目定位的内容主要包括以下几个方面：

1. 项目的目标市场定位

在市场调查的基础上，以有效需求为导向，初步确定项目的目标客户，了解潜在市场消费群的特征、年龄、分布，以此寻找消费群体的构成和可能购买本项目的消费群体，并通过对这个群体的描述，结合企业开发的指导思想和经营模式，为项目基础定位提供依据。

2. 建筑产品定位

通过对该项目所处环境的宏观、微观调研，了解和论证该项目区域的人文习惯、生活方式以及项目地块的交通、配套等基础因素，并辅以对周边环境的地产项目实态、竞争势态及建筑文化的研究，初步确定建筑风格、结构形式、房型、面积和建筑标准等内容，为本项目产品的建筑定位提供依据。

3. 项目营销推广的主题定位

调查该项目环境的文化习惯、心理趋向以及开发商的商号、投资商、开发商的企业品牌、品牌小区或花园命名、信息传播内容和手段等并研究其优劣势，为项目销售推广的包装、形象、诉求内容以及项目的传播策略和定位提供依据。

4. 项目的销售价格定位

通过对该项目所在社区的商品房发展趋势、市场现状的调查、周边项目的产品品质及价格对消费心理、购买行为的影响程度的调查，分析目标客户的消费能力，为本项目的价格定位以及营销组合提供依据。

测算租售价格。参照类似房地产的市场价格，运用适当的方法，综合考虑房地产价格的影响因素，确定本项目的租售价格。

5. 项目的市场营销策略定位

通过对该项目所在社区的宏观市场调研、政策法规调研，购买行为、购买习惯、消费观念、消费意识、收入及消费能力调研，研究周边项目和本项目的优、劣势及周边项目的营销策略，为项目营销决策提供依据。

6. 推广通路定位

了解该社区消费群接触媒体的习惯、文化层次，了解他们对媒体——广告的心理反应，明确广告定位，寻找最佳广告诉求和信息软广告及硬广告传播方式，进行有效的广告定位及媒体组合。

第6章 房地产市场项目定位分析

除了上述六个方面的内容,还有一项内容就是项目用途功能定位,即在市场定位时应根据城市规划限制条件,按照最佳最优利用原则确定开发类型,对土地资源进行综合利用,充分挖掘土地潜能。

6.2.2 房地产开发项目定位中应注意的问题

刘志平在《论房地产开发项目的市场定位》一文中指出,房地产开发项目定位中应注意的问题主要包括:

(1)不能片面强调"差异化"和"个性化"。脱离地块条件和区域环境,忽视区域房地产市场的物业特点、生活习惯,这样的做法往往会导致滞销。

(2)不能简单地模仿拷贝或只作适当修改。从建筑立面、平面布置,到室外绿化、景观布置,从营销广告、营销策略,到开发理念、企业文化,往往都是房地产市场上以往一些热销楼盘的翻版,缺少创新,不同的仅仅是项目名称、建筑色彩、地段等,这样的市场定位形成了房地产市场的"一般化"局面。

(3)不能片面强调"概念式定位"。部分房地产企业在进行市场定位时,不是根据市场定位的理论和原则进行工作,而是热衷于做概念,甚至出现了"软住宅"的定位概念。一条臭河洪成为"水景",还未立项的地铁成为"交通便利"的工具,虚拟的"生活方式"成为卖点,"媒体炒作"成为市场定位的重要环节。在某种程度上,这种"虚、空、媒体化"的概念定位方式已影响到房地产市场的健康、规范发展。

6.3 房地产项目市场定位的基本方法和实务操作流程

房地产企业经过环境市场、消费者需求市场、房地产供给市场的研究,获得了大量的数据,但这些数据本身并不是房地产项目市场定位的最终结果,只有采用一定的分析方法对数据进行比较分析,对现象进行比较排序,才能得出市场定位的结论。

6.3.1 房地产项目市场定位的基本方法

房地产项目市场定位是一个系统过程,它涉及投资经济学、城市规划学、建筑学、市场营销学、社会心理学、传播学及其他学科。其分析方法也结合了各门学科中的定性分析和定量分析等综合方法,常用的房地产项目市场定位基本方法有STP分析法和SWOT项目分析法。

1. STP 分析法

(1)STP 分析法的概念

STP 分析法是由著名营销学教授菲利浦科勒特在《营销管理》一书第九版中提出的。STP 即 S——Segmentation(市场细分),T——Targeting(目标市场选择),P——Positioning(市场定位)。

①市场细分

市场细分就是从普遍市场中,确定一个或几个欲望和需求相似的购买者群体作为目标市场,最终根据每个目标市场的特点来制订产品方案的过程。

房地产市场细分就是通过市场调研,依据消费者的需要与欲望、购买行为和购买习惯等方面的差异性,将房地产整体市场划分为若干个具有相似需要和欲望的消费者群体的过程。需要指出的是,房地产细分不是对房地产商品进行分类,而是对房地产需求各异的消费者进行分类,是识别具有不同需要的消费者群体的过程。

对于住宅房地产市场而言,一般按照地理因素、人口因素、心理因素和行为因素对整体市场进行细分。

地理因素细分是根据消费者所处的地理位置、自然环境来细分市场。

人口因素细分是根据年龄、性别、家庭规模、家庭生命周期、收入、职业、教育程度、宗教、种族以及国籍等因素对整个房地产市场进行细分。

心理因素细分是根据消费者所处的社会阶层、生活方式、个性以及购买动机等心理因素来细分房地产市场。

行为因素细分是根据消费者对房地产产品的了解程度、态度、使用情况以及反应等因素,将它们划为不同的群体。

因此,房地产项目中每一种档位、户型结构、设计风格以及物业管理的项目都有特定目标消费群体,市场细分的实质就是将这种特定目标消费群体的需求传递给设计方,进行有针对性的设计和开发。

②目标市场选择

房地产目标市场是指房地产企业在市场细分的基础上,经过评价和筛选后决定要进入的那个市场部分,也就是房地产企业准备用其产品或服务来满足的一组特定消费者。

③市场定位

房地产市场定位是指房地产企业为了使自己生产销售的产品获得稳定的销路,从多方面培养产品特色,树立一定的市场形象,以求在顾客心中形成一种偏爱。

(2)STP 分析的步骤

STP 分析的步骤如图 6-2 所示。

2. SWOT 项目分析法

(1)SWOT 项目分析法的概念

SWOT 项目分析法最早是由旧金山大学的管理学教授在 20 世纪 80 年代初提出来的。其中,S(Strengths)代表企业的长处或优势,W(Weaknesses)代表企业的弱点或劣

第6章 房地产市场项目定位分析

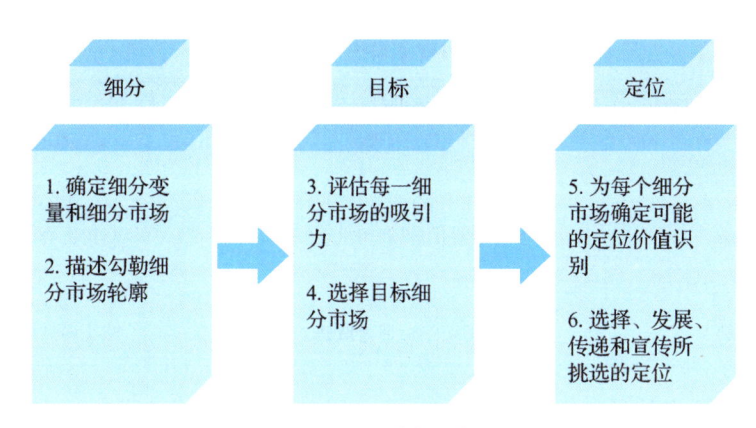

```
细分                    目标                    定位

1. 确定细分变           3. 评估每一细           5. 为每个细分
量和细分市场            分市场的吸引           市场确定可能
                       力                     的定位价值识
2. 描述勾勒细                                  别
分市场轮廓             4. 选择目标细
                      分市场                  6. 选择、发展、
                                             传递和宣传所
                                             挑选的定位
```

图 6-2　STP 分析的步骤

势，O（Opportunities）代表外部环境中存在的机会，T（Threats）代表外部环境所构成的威胁。

所谓 SWOT 分析，即态势分析，就是将与研究对象密切相关的各种主要内部优势和劣势、外部的机会和威胁等，通过调查列举出来，并依照矩阵形式排列，然后运用系统分析思想，把各种因素相互匹配起来加以分析，从中得出一系列相应的结论，而结论通常带有一定的决策性。

SWOT 分析法常常被用于制定公司发展战略和分析竞争对手情况。SWOT 矩阵分析方法如图 6-3 所示。

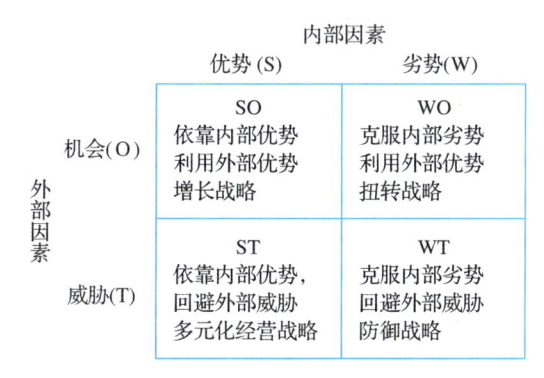

```
                        内部因素
                 优势(S)           劣势(W)
          ┌──────────────┬──────────────┐
          │      SO      │      WO      │
   机会(O)│  依靠内部优势 │  克服内部劣势 │
          │  利用外部优势 │  利用外部优势 │
外部      │  增长战略    │  扭转战略    │
因素      ├──────────────┼──────────────┤
          │      ST      │      WT      │
   威胁(T)│ 依靠内部优势, │ 克服内部劣势 │
          │ 回避外部威胁 │ 回避外部威胁 │
          │ 多元化经营战略│  防御战略    │
          └──────────────┴──────────────┘
```

图 6-3　SWOT 矩阵分析方法示意

(2) 进行 SWOT 项目分析的步骤

① 分别进行企业内外部环境分析，列出关键内部优势、弱势与外部机会、威胁。

② 构建一个 SWOT 矩阵表格分别匹配，把作为结果的优势—机会(SO)、优势—威胁(ST)、劣势—机会(WO)、劣势—威胁(WT)战略填入格中。SWOT 矩阵分析表见表 6-1。

(3) 分析时的注意事项

① 在构造矩阵时，将调查出来的各因素按照轻重缓急或影响程度进行排序，对项目发展有直接的、重要的、大量的、迫切的、久远的影响因素优先排列出来，而将那些间接的、次要的、少许的、不急的、短暂的影响因素排列在后面。

表 6-1　　　　　　　　　　　　SWOT 矩阵分析表

外部因素＼内部能力	优势——S 列出优势	劣势——W 列出劣势
机会——O 列出机会	SO 战略 发挥优势，利用机会	WO 战略 利用机会，克服弱点
威胁——T 列出威胁	ST 战略 利用优势，回避威胁	WT 战略 减小弱点，回避威胁

②四种备选战略是可行的备选战略，而不是最佳战略，并不是所有矩阵中得出的战略都要被实施。一般 SO 作为定位战略，ST、WO、WT 作为途径战略。

房地产项目使用 SWOT 分析法，就是将房地产项目内外部条件各方面内容进行综合和概括，进而对项目的优势和劣势、机会和威胁进行分析的一种方法。其中，优势和劣势分析主要着眼于项目自身的实力及竞争对手的比较，而机会和威胁分析主要是指外部环境的变化对项目的可能影响，两者之间有着紧密的联系。

6.3.2　房地产项目市场定位实务操作流程

根据房地产项目实践，房地产项目市场定位操作流程为：

第一步，用 SWOT 分析项目自身开发条件，明确项目自身的优劣势以及外部环境的机会与威胁。

房地产项目自身开发条件分析首先通过项目规划讨论会、项目现场考察、有关人员访谈和相关资料收集整理，对项目地块的地理位置及周边环境进行了解分析，然后通过前面消费者问卷调查和入户走访，了解分析消费者对开发商及项目的认知情况，最后采用分析的方法对项目自身开发条件进行总体评价和整体分析。房地产项目分析具体要素内容见表 6-2。

第二步，在项目自身开发条件分析的基础上，利用房地产项目市场细分法进行分析，结合竞争对手情况，初步选定不低于两个的市场定位方向。

第三步，根据所选的市场定位方向，结合每个方向最有威胁的竞争对手情况，再次用分析法进行分析，并进行战略梳理，得到各种定位战略和定位关键，提供多个可比较方案供开发商决策选用。

总之，市场定位分析要在体现企业的竞争优势和发挥企业的核心竞争力的基础上，确定必要的功能、适当的成本和理想的效益，确保实施的可行性。功能、成本、效益和可行性四者的协调和统一，是房地产项目市场定位的根本指导思想。

表 6-2　　　　　　　　　　　　　　　　房地产项目分析具体要素

内部能力 \ 外部因素	项目发展优势——S	项目发展劣势——W
	1.位置(地段知名度、市场热点区域) 2.相对特定物业类型,地段特点之优势 3.环境资源(自然及人文景观) 4.生活氛围(成熟、安静) 5.周边配套设施 6.交通(公交设施与车型便捷) 7.地块形状、小区规模及有关设计指标 8.建筑及规划设计特点 9.发展商、承建商、物业管理品牌效应 10.发展商资金实力或金融优势 11.长期开发小区,已部分形成品牌,具有一定成熟度 12.投资价值	1.位置较偏(市场冷区域) 2.特定物业类型、地段特点相对不足 3.环境资源缺陷(噪声、景观差等) 4.生活氛围不佳(喧闹、脏乱、偏僻等) 5.周边配套设施不全 6.交通不便(公交设施少) 7.地块形状、小区有关设计指标不理想(规模、密度) 8.建筑及规划设计问题(户型、朝向、商住结构等) 9.发展商、承建商、物业管理等知名度不高 10.发展商定价不够合理 11.小区开发周期长 12.土地成本或开发成本高
项目发展机会——O 1.区域特定功能物业稀缺 2.总体市场环境趋好(大势良好、股市投资不景气) 3.对周边区域同质项目有比较优势 4.开发的户型是市场稀缺的 (设计完成的项目) 5.新出台政策支持发展(如购房入户、房改、税收) 6.市政规划含利好因素(如中心区、地铁) 7.社区发展潜力(如国际大社区) 8.消费者心理变化(接受更多成数按揭)	SO 战略 利用机会,发挥优势	WO 战略 利用机会,克服弱点
项目发展威胁——T 1.物业供应积压 2.总体市场情况下降 3.区域同质物业竞争(规划、价格、配套等细节) 4.开发的户型是市场积压的 (设计完成项目) 5.不利的政策出台(法定合同的修改、预售规定、土地成本加快回收、利率上调) 6.市政规划的不利因素(如临近立交桥) 7.社区发展停滞中心区偏移 8.社会不安定因素(战争等) 9.消费者心理变化(趋向于选择其他区域)	ST 战略 利用优势,回避威胁	WT 战略 减小弱点,回避威胁

思考题

1. 房地产项目市场定位分析的特点是什么？
2. 画图说明房地产项目定位分析的框架。
3. 阐述房地产开发项目定位分析的内容。
4. 房地产开发项目定位分析时需要注意哪些问题？
5. 阐述房地产项目市场定位分析的基本方法。

第7章 住宅市场分析

学习要点

本章对住宅市场分析进行了理论阐述与实践问题探讨,首先在理论上分析住宅市场的需求、供给和交易特征;其次阐述如何对住宅市场进行细分,在此基础上对住宅市场的进行环境、需求和供给分析;最后分析住宅市场的竞争力情况。通过本章学习,学生能够掌握住宅市场分析的相关基础理论,了解住宅市场的特征,熟悉住宅市场的细分,掌握商品住宅市场环境分析、住宅市场需求分析和供给分析的内容。

7.1 住宅市场的特征

住宅市场作为房地产市场的重要组成部分,它的概念与房地产市场的概念相对应,住宅市场有狭义和广义两种。狭义的住宅市场是指住宅交换的场所,在这类市场上发生的仅仅是住宅本身的交易活动,如上海市商品住宅市场或北京市商品住宅市场等。广义的住宅市场是指住宅交换关系的总和,与住宅交易有关的一切活动都属于该市场的范畴。

7.1.1 需求特征

1. 客户零散

商品住宅一般为批量生产,但是由于住宅主要用于居住,人们一般都根据各自的需求和喜好,选择相适应的住宅物业,在购买过程中大多数都是零散购买。为此,在做住宅市场分析时,必须采用问卷调查来了解这些零散客户的需求偏好。

2. 主流客群明显

人们购买住宅时往往倾向于选择与自己具有相同或相似生活习惯和社会地位的人居住在同一个住宅项目。大多数人认为,与有着"共同语言"的群体生活在一起,更容易培养期望的生活氛围,有利于交流和沟通,从而各商品住宅项目都具有明显的主流客群特征。

人是城市最具活力的因素,由活力人群带动的主流消费的增长,是楼市发展的根本。因此,在分析住宅市场时,对客户的定位分析一定要到位,加强对目标客户和可能的主流客户群的调查分析,了解他们共同的基本生活特征和需求特征,同时在做竞争性分析时加强对竞争项目主流客群的分析,调查主流客群选择竞争项目的原因,分析竞争项目的卖点。

3. 刚性需求大

"刚性需求"是相对于"弹性需求"而言的,是指在供求关系中对价格变化反应不大的消费需求,它是一个相对的、动态的概念。商品住宅不仅是一种人们赖以生存的基本生活资料,无论经济条件好不好,也无论地位高与低,人们都必须有房住,都想拥有自己的住房。住宅的这些特点,决定了住宅市场的刚性需求大。因此,在进行住宅市场需求量的分析时,可以根据人口数据和人均住房面积标准来预测市场的潜在需求量。

7.1.2 供给特征

1. 同质化严重

住宅产品同质化主要表现在住宅的外形、结构、功能的设计方面的同质化。在各个城市我们基本都能看到,不少楼盘的产品,从建筑的户型、布局和结构功能甚至是外形设计、园林设计等方面都大同小异,差异性很小。大多数住宅产品都能在市场上找到类似的产品,甚至户型完全相同的项目出现在同一市场区域都不是新鲜的事情,尤其是在普通住宅和中低端别墅市场中,同类产品风格相似的问题更为突出。同质化现象严重已是商品住宅市场不争的事实,但住宅产品在区位、性价比、物业管理等方面的差异却是无法等同类似的。

因此,要避免和预防同质化现象的发生,我们在做市场分析时就要了解清楚住宅市场的现状和发展趋势,同时加强对住宅产品的细分,尤其是加强在户型结构、园林设计、外形风格等方面的分析,发掘新的创意,创造出最符合市场需要,又有自己特色的住宅产品。

同时，在进行竞争性分析时，还要重点分析各项目在区位上的差异、在性价比上的差异、开发企业品牌差异、设计单位品牌差异、在物业管理上的差异、在绿化上的差异、在小区规划上的差异等。因为所谓的产品同质化意指建筑产品上的差异，但房地产的产品不仅包括建筑，还包括上面所说的那些有形和无形的部分。

2. 区域性明显

商品住宅作为不动产，具有固定性的特点，这一特点决定了在住宅市场上不存在实体的移动，只能是与住宅实物相关的各种物权关系的交换。因此，住宅不能像其他商品一样在整个市场内通过自由流动来平衡供求，体现出明显的区域性特点。住宅的区域性差异主要是指住宅小区文化、住宅外形和结构设计、住宅使用功能等方面在区域上的差异。商品住宅的供给受区域经济发展的影响较大，同时也受区域内相应的政治、文化等方面的影响。相同区域内住宅物业功能、布局等偏好可能会有很多相似点，而不同区域内的住宅产品，其布局结构、功能风格等各个方面的偏好和设计都会有所不同，呈现区域性差异。因此，在做市场分析时按区域对住宅进行调查分析，分析不同区域的住宅在外形、结构设计、产品功能等方面各自所呈现的特点很有必要，这样的市场分析才能更贴近市场的实际情况。

3. 交易特征

房地产开发是一项投资额巨大、风险大的投资活动，为了降低风险，尽快回收资金，一般来说，绝大部分的居住房地产项目都是以销售为主。同时，由于人们对家庭的向往，人人都希望有自己固定的家，而且人们都有心理安全需要和占有心理，租住的房子不能给人们安全感，大多数消费者都会选择购买住房。因此，商品住宅市场的交易方式以买卖为主这样一个特点就决定了在进行住宅市场分析时，对需求分析，要着重分析消费者的购买能力、购买需求潜力，而没有必要去分析目标需求者的租金支付能力和租赁需求能力；对供给分析，要着重分析售价的性价比和销售供给量及增值潜力，而不要从租金上去分析该项目的投资价值和租赁供给量，同时租金与销售价格之比的分析也意义不大。

7.1.3 价格特征

1. 与企业品牌关系密切

随着经济的快速发展，人们的品牌意识越来越强，企业对品牌的重视程度与日俱增，因为对企业来说，品牌就是质量，就是信誉、财富和综合实力。在商品住宅市场中也不例外，开发企业的物业品牌就是住宅产品的品质、形象和影响力的象征。此外，使用或拥有某品牌的产品已成为现代人身份的一种象征。品牌给企业带来的就不只是购买量的增加，更多的是价值的提升。在住宅市场中，品牌的效应也一样明显，价格不是单纯地靠供求、地理位置、周边配套设施等方面的影响，品牌对产品价值的提升在价格上得到充分体现。相关调研数据统计显示，在住宅市场中，无论购房目的是自住还是投资，也无论购房者年龄层次如何，消费者对品牌重要性的认同度均超过80%。品牌不仅具有提高自身价值的作用，还具有带动消费和宣传等作用，对价格影响显著。

因此，在住宅市场分析中，要特别重视品牌对市场供需的影响分析。品牌的打造也是促销方式的一种，这就要求在竞争性分析时需要加强对周边品牌项目影响的分析。同时对品牌的分析也有助于对自身产品品牌的挖掘和打造，提升产品的价值和影响。

2. 易受市政配套设施建设影响

住宅价格易受市政设施建设的影响是有目共睹的，特别是易受市政设施中的公共服务设施建设的影响。往往菜场、公园、医院、中小学、幼儿园等公共服务设施的建设就能提升其周边住宅的价格；同样，一条道路的新建、扩建，一条地铁或轻轨等基础设施的建设也会提升其周边住宅的价格。

住宅价格易受市政设施建设影响的这一特点要求我们在进行住宅市场分析时，必须注重分析城市近期建设规划中对基础设施建设、公共服务设施建设和商业网点的建设安排，特别是要注意关注交通设施、基础教育设施、医疗设施、商业配套设施等市政设施的建设安排。

7.2　住宅市场细分

要进行商品住宅市场分析，首先要对该市场进行细分，分清商品住宅的类型，了解各类住宅的产品性质和功能，以区分出不同产品所对应的细分市场，使后面的供给分析与需求分析更具有针对性。住宅细分标准有很多种，下面主要是从产品、客户、区位、使用方式等四个方面对住宅市场进行细分。

7.2.1　按产品细分

商品住宅市场的产品细分，意指用一些细分变量把商品住宅从供给的角度分为几个细分市场。通过这种细分，一方面可以界定目标项目的竞争项目；另一方面也可以锁定目标项目的目标客户群。住宅产品可以用很多细分变量进行细分，主要的细分标准及其典型代表产品见表 7-1。

1. 按建筑层数划分的住宅

低层住宅为 1～3 层的住宅，一般来说，低层住宅受土地价格的影响较大，在土地资源紧缺的今天，低层住宅的供应量越来越有限。低层住宅一般为独院式住宅，在经济发达的地方往往被开发成别墅，在一些地方也可能为低档住宅。同时，低层住宅楼层较少，上下方便，比较适合老年人居住。

多层住宅为 4～7 层的住宅，一般为单元式住宅，较多为普通住宅，也有少数作为 Townhouse。

表 7-1　　　　　　　　　住宅产品主要的细分标准及其典型代表产品

细分标准	典型代表产品	细分标准	典型代表产品
建筑层数	低层 多层 小高层 高层 超高层	建筑风格	按时间分： 古典风格 现代风格	按国度风格分： 地中海式住宅 西班牙式住宅 日式住宅 欧式住宅 美式乡村住宅 中式古典住宅
用途	纯住宅 商住楼		
规模	小型住宅 中型住宅 大型住宅 特大型住宅	住户多少	单户 多户
档次	普通住宅 公寓式住宅 TOWNHOUSE 别墅	房型	单元式住宅 独院式住宅 复式住宅 跃层式住宅 错层式住宅

小高层住宅为8～11层的住宅,必须采用框架结构,设有电梯。由于楼层不是很多,又要设置电梯,所以小高层的开发成本较高。但小高层建筑户型灵活,间距大、通风好、采光条件优越、视野宽阔、景观美好;而且小高层有易于管理、居住舒适、安全性高的特点,小高层在很多城市都很受欢迎,尤其是部分南方城市。小高层多为普通住宅或公寓,公寓式的小高层尤其受白领阶层喜爱。

高层住宅为11～30层的住宅,一般采用剪力墙结构,高层住宅土地使用率高,但必须执行高层民用建筑设计防火规范。

超高层住宅多为30层以上,超高层住宅的楼地面价最低,但由于建筑高度的增加,住宅的施工和设计难度要求也会增大,住宅的建造成本很高。高层和超高层都多为公寓式住宅。

2. 按建筑风格划分的住宅

建筑风格主要是指由于不同时代或不同国家的政治社会、经济文化和地方环境等因素制约,而在建筑材料、建筑技术以及建筑设计思想和艺术素养等方面产生不同的影响,使建筑从外形外观、室内布局装修、色调选择到元素搭配都呈现出各自独特的风格。建筑风格种类多样,分类形式也比较多,下面是以几种较为常见的风格分类形式来分析各种不同风格住宅的特点。

(1)从时间发展看,建筑风格主要分为古典风格和现代风格

①古典风格

古典风格住宅结合了地域文脉传统,室内环境布置充满了其独特的地域文化气息,突出该地区的风俗和人文特征。古典风格住宅种类繁多,如中式古典住宅、欧式古典住宅

等，每种类型风格都各具其传统特色。古典风格住宅通常比较受老人、有一定文化涵养的人和喜欢古典传统风格的人所喜欢，如老年公寓、教师居住住宅。古典风格注重由内到外的布局和设计都要和谐流畅，因此其形态美和意境美在别墅或独栋式住宅中更能体现得淋漓尽致。

②现代风格

现代风格的建筑以体现时代特征为主，追求时尚与潮流，或许没有过分的装饰，但非常注重功能与空间结构布置的完美结合。现代风格中最为典型的住宅风格为现代简约风格，现代简约风格比较注重线条的简洁流畅和空间布局的大方，通常采用几何线条或几何图形修饰，立面立体层次感较强，色彩明快跳跃，直白是其最大特点，体现了现代生活快节奏、简约而实用的特点。但室内使用功能通常要一应俱全，而新科数码产品和流行主题元素等的切入，为简约的空间带来了时尚和有朝气的生活气息。

现代简约风格受大多数人喜爱，而且中、青年和白领阶层对现代风格住宅更是情有独钟，尤其为大多数年轻人所喜爱，如青年公寓、白领公寓。现代简约风格多应用于各类型住宅，其中公寓式住宅多为现代风格。

(2) 按国度不同，常见的几种住宅建筑风格的分类

①欧式风格

欧式风格强调以华丽的装饰、浓烈的色彩、精美的造型达到雍容华贵的装饰效果，喷泉、罗马柱、雕塑、尖塔、八角房、圆拱形雕花式门窗都是欧式建筑的典型标志。欧式风格主要以暖色为主，室内装潢富丽堂皇，墙面一般不留白，色彩明亮，纹理突出。常采用红色或深紫色的布艺来装饰空间，华丽而厚重的地毯、浪漫的罗马帘、光线温和的壁灯、色彩艳丽的挂画、灿烂炫目的水晶大吊灯及精良的雕塑工艺品等复杂造型的装饰，都是其不可缺少的元素，充分体现了欧式风格住宅的雍容华贵之美。

欧式风格最适用于大面积房子，豪华、富丽堂皇的效果充满了整间住宅，欧式住宅的豪华大气，还有惬意和浪漫，受发达城市的都市人喜爱，欧式住宅这些特点较适合Town-house和别墅。

②日式风格

日式住宅讲究在有限的面积内建造出让人觉得宽敞的房屋，日本式房屋主要以木材原色为主要色调，结构很简单，几乎仅由地板、柱子和屋顶三部分组成，而且大多采用木制材料。房间一般都采用推拉门隔开，方便拉上和开启，房间的地板上大多都铺有俗称榻榻米的草垫。日式家具品种很少却独具特色，以木质为主，注重材料的天然质感，线条简洁、工艺精致，主要家具是榻榻米、床榻、矮几、矮柜、书柜、壁龛、暖炉台等，陈设简单，室内少有多余的装饰品。

日式住宅宽敞，屋内又少有障碍物，安全舒适，比较适合老人居住，同时也受很多白领所喜爱。

③地中海式风格

地中海周边国家众多，民风各异，地中海式风格主要有三种不同的风格色调：蓝与白，黄、蓝紫和绿，土黄及红褐，但是独特的气候特征还是让各国的地中海风格呈现出一些共

同的特点。其中,比较典型的一种地中海颜色搭配就是蓝与白,一般会采用:白灰泥墙、连续的拱廊与拱门、陶砖、海蓝色的屋瓦和门窗,蓝与白搭配的椅面,加上混着贝壳、细沙的墙面、小鹅卵石地、拼贴马赛克等,将蓝与白不同程度的对比与组合发挥到极致。"蔚蓝色的浪漫情怀,海天一色、艳阳高照的纯美自然"是地中海最真实的写照,蔚蓝色的海岸与白色沙滩,就是地中海风格的灵魂。

地中海式住宅室内多采用低彩度线条简单且修边浑圆的木质家具,窗帘、桌巾、沙发套、灯罩等均以低彩度色调和素雅的小细花条纹格子图案棉织品为主,喜欢用小石子、瓷砖、贝类、玻璃片、玻璃珠等素材切割或组合而成的装饰,地面则多铺赤陶或石板。

地中海式住宅要想体现它独到的地中海味道,就要求高净空,大空间,一般以别墅、跃层或100平方米以上空间为宜。而且通常选择地中海式住宅的客户一般是追求自由、浪漫、自然、轻松的生活方式和生活体验,对海洋风情有独钟,有较高的审美情趣和文化修养。

④美式乡村风格

美式乡村风格以舒适机能为导向,强调"回归自然",采用以绿色、土褐色为主的自然色调,摒弃了烦琐和奢华,突出了生活的舒适和自由,在这样的住宅里生活能让人感觉更加轻松、舒适。

墙面色彩选择自然、怀旧,仿佛散发着浓郁的泥土芬芳,壁纸多为纯纸浆质地,家具式样厚重,颜色多仿旧漆,古典中带有一点随意,是美式乡村风格的典型特征,兼具古典主义的优美造型与新古典主义的功能配备,既简洁明快,又温暖舒适。

布艺也是美式乡村风格中重要的运用元素,通常本色的棉麻是主流,有着各种碎花式样的布艺装饰,如窗帘、桌布等每个角落都能感受到自然的气息,布艺的天然感与乡村风格能很好地协调。各种花卉植物、小碎花布、异域风情饰品、摇椅、铁艺制品等都是乡村风格中常用的东西,还有抽象植物图案的清淡优雅的布艺点缀在美式风格的家具中,含蓄自然的色彩及造型,营造出闲散自在、温馨的氛围,给人一个真正温暖的家。

美国乡村风格讲求自然、舒适的生活环境,一般要与大自然有直接的接触,这就要求房子比较宽敞,最好有前后花园,比较适合独栋式住宅。乡村式住宅有既简单大方又温馨的特点,受各年龄阶层人群喜爱,年轻人可选择清新的乡村风格,而颜色深厚的原木色家具和不失华贵与稳重的格调也成为年纪稍大点的人所期望的选择,作为公寓,有广泛的客户基础。

⑤中式古典风格

中式古典风格较为典型的是江南的古典建筑,在室内布置、线形、色调及家具、陈设的造型等方面,都吸取了我国古代传统装饰的特点,采用木构架搭配古朴的黑白或古木色调。通常为坡屋顶,灰或白为建筑的主要色调,朱红漆的大门,方正或围合的屋院形式,造型讲究对称,东西坐向和主次之礼严格,室内结构多以木材为主要建材,用装修构件分合空间,在宅布置讲求细腻和流畅。

木质的书架、书案、茶几、方桌、太师椅、四柱式或者六柱式的架子床等中式家具,充分体现了中国传统所崇尚的庄重和优雅的气质。中式装修讲究含蓄细腻,鹿、鱼、鹊、梅、兰、菊等是较常见的装饰图案,还有木质镂空或雕花的屏风、隔扇、宫灯式灯具、中国画或书法、陶瓷品等也是不可或缺的装饰元素,同时再配之以匾额、对联,以及象征平安吉祥的瓶镜陈设,这些都是中国特有的装饰手段,以营造清幽静谧的居住环境。

中式古典住宅讲究清幽安静、古色古香的生活环境,适合有文化气质的或性格沉稳的人,以及喜欢中国传统文化的人。中国的传统住宅模式尤其为老年人所青睐,适于老年公寓,也可用于一般公寓或住宅,而且作为独栋式住宅或别墅形式,结合庭前院后的园林景观设计,更能突出中式住宅的古典气质和古典美。

⑥西班牙风格

大多数西班牙风格的建筑都有非常优美的变化曲线,白色或米色外墙、红色坡屋顶、圆弧檐口等层次鲜明起伏,营造出柔和、尊贵而又充满质感的生活氛围。而且从红陶土筒瓦到STUC-CO手工抹灰墙,从弧形墙到一步阳台,还有铁艺、陶艺等建筑元素,都是西班牙建筑的典型风格。西班牙风格室内设计注重细节处理,喜欢用自然的取材,对光线的捕捉和柔美线条的运用,加上木材镶嵌的家具和用皮革、泡钉等粗犷硬直的元素运用,大胆阐释了柔美自由中不乏沉稳粗放的美。室内装修大胆地运用色彩和各种造型,色彩绚丽,却又保持着简单的信念,使人感受到其热情洋溢又自由奔放的万千风情,就犹如热情的西班牙女郎。

西班牙风格多用于别墅或Townhouse,也有部分用于一些高档的多层住宅或公寓等,为很多有经济实力的中青年和一些商务人士所喜欢。

3. 按档次划分的住宅

(1)普通住宅

通常普通住宅是指建筑容积率在1.0以上,单套建筑面积在140平方米以下的住宅,主要集中于交通便利的城市近郊。普通住宅基本的功能是为人们提供居住功能,没有过多的装饰,内部环境的打造以舒适为度,价格较其他档次的商品住宅低,一般以简约风格为主。

(2)公寓式住宅

公寓一般建在大城市的繁华地段,具有高密度、高容积率,居住标准较高,每个套房内都包括卧室、起居室、客厅、浴室、厕所、厨房、阳台等,设施齐全,多为精装修或豪华装修。公寓大多为第一居所,大多数是高层或小高层。适宜各类人群居住,如青年公寓、老年公寓,而且多为现代简约风格。

公寓与普通住宅有所区别。普通住宅主要用于长期居住,而公寓还具有暂时居住性和工作便利性选择的趋向,针对的人群也有所不同。一般来说,普通住宅是以家庭为单位,但是公寓很多是以个人为单位,还有较多短期居住的人群。

(3)别墅

别墅在过去是居住住宅之外用来享受生活的居所,是第二居所而非第一居所,一般为度假休闲时的居所。虽然别墅使用率一直不高,但是随着别墅开发理念的成熟,现在市场中很多别墅都作为居家度日之用,别墅成为人们的第一居所也被越来越多的人所接受。

别墅是高生活格调和质量的体现,为独栋式住宅,一般占地面积大,具有低密度低容积率,装修豪华精致,布局灵活,私密性极强,而且形式多样。别墅按所处环境分为山地别墅、湖滨别墅、庄园式别墅等;按风格分为欧式别墅、中式别墅、地中海式别墅等。别墅一般都是人们梦寐的追求,但由于成本较高,一般适于有雄厚经济实力的人群购买。

(4) Townhouse

Townhouse 具有布局合理的特点,价格和结构布局都在公寓和别墅,是公寓和别墅的中间形态。Townhouse 也就是城区住宅,一般都位于郊区,自然环境好,而且居住品质较高,花园不大但每户都有,住宅密度较低,容积率在 0.5～0.8,主要部分有双拼、叠拼、联排三种户型组合形式。与别墅不同,Townhouse 一般定位是第一居所,也有部分作为第二居所,适应的人群较别墅广泛,比较适合对生活品质有较高要求,同时又有一定购买能力的人。

① 联排户型 Townhouse

联排户型的 Townhouse 是指三栋或三栋以上单户别墅并联成一排组成的住宅,住宅与住宅之间有相似的平面设计,但每户都有独门和相应独立的空间。联排户型比其他两种户型的建筑密度要大,通常价格会比同区段的独栋式别墅或双拼别墅的价格稍低。

② 双拼别墅

双拼别墅是由两个单元的别墅拼联组成的独栋式住宅,通常是两个相同户型和造型的单元组合形式居多,也可能是由两个不同户型或造型的单元相互结合而成。双拼别墅与独栋式别墅相比,不仅方便了邻里间的相互交流和沟通,而且使住宅有了更广阔的室外空间。

③ 叠拼户型 Townhouse

叠拼户型 Townhouse 通常是指由上下两户叠加在一起组合而成的多层复式住宅,一般下层住户有地面花园,上层住户有屋顶花园。叠拼户型 Townhouse 与联排和双拼户型相比,其私密性和舒适度都有较大的差距,因此,在住宅市场中拥有的客户群相对较少,购买人群以中产阶级为主。

7.2.2 按客户细分

住宅市场的客户细分,就是细分住宅市场的需求者,把市场的需求者区分成具有相对一致偏好的需求群体或客户群,从而为需求量的分析和需求偏好的分析奠定基础。住宅市场客户细分可以从很多变量进行,但主要的细分变量或标准有年龄、职业、收入、购买动机,这些变量细分的住宅市场见表 7-2。

1. 按客户年龄分类的住宅市场细分

(1) 老年客群

老年住宅是专门根据老年人的特殊偏好而设计、开发的住宅。根据老年人的生活特点和需要,老年住宅在建筑设计、建筑设备配套设施和园林景观等方面都具有其独特性。

建筑设计方面,老年住宅在有台阶的地方必须有坡道——方便坐在轮椅上的人,老年住宅的门不用防盗门,而应该用磁卡开门,磁卡往门一靠就可以开门;配套设施方面,一般老年住宅需要在小区内有供给老年交流和休闲的亭、长廊、椅子这类建筑小品,最好还要有活动室、医务室等服务设施;建设设备方面,老年住宅需要有呼叫系统——当有紧急情况时,直接按一个铃就可以呼叫物业管理人员;园林景观方面,老年住宅不要以花为主,应以树为主,而且以常青树为主。老年公寓一般不适合高层,也不宜采用现代流行风格。

表 7-2　　　　　　　　　　按客户细分的住宅种类

细分标准	客户群
年龄	老年
	中年
	青年
职业	机关企事业单位的领导
	公务员
	教师
	金融保险及证券机构与国有垄断企业的职员
	个体工商户
	工人
	农民
收入	高收入者
	中高收入者
	中等收入者
	中低收入者
	低收入者
购买动机	自住型购房者
	投资型购房者
	敬孝型购房者

(2)中年客群

中年人一般上有老下有小,家中人口较多,对住宅的户型要求较高,两代居住宅是中年客户比较理想的选择。两代居住宅是为了适应我国人口老龄化趋势而产生的新型住宅类型,两代居住宅包括两套相邻但又相对独立,各自都拥有完备生活设施的住宅,而且两套住宅室内一般都有门户相通,这类住宅既保留了相对的私密性和适当的距离,又保持了两代人之间的沟通和就近照顾等优点。

一般中年客户群购房的主要动机可能是改善居住条件、给子女结婚购置住房或为父母尽孝购置住房。如果是为改善居住条件则对社区环境、朝向、物业水平、交通状况、社区周边配套等要求较高;如果是为给子女结婚购置新的住宅,则会选择比原来物业面积大的住宅,户型也会以三房或三房以上为主;如果是为父母敬孝购置住房,住宅选择要符合老年人住宅需求的特点,最好是离自己比较近的地方,方便照顾老人,同时要选择环境较为清幽、舒适的地方。

(3)青年客群

根据青年的收入有限却又追求高品质生活等特征,青年住宅一般面积都较小,但要求功能齐全,而且对商业、体育、文化和娱乐等设施都有较高的要求。同时,住宅设计要适合青年人的个性特点,快节奏、时尚、简约是青年人对住宅需求的特点,因此多为现代风格住宅,具有时尚元素的公寓式住宅是青年客群更喜爱的选择。

2. 按客户收入分类的住宅市场细分

客群按收入主要细分为以下三类。

(1)高收入者

高收入者通常为私企成功人士或企业高层管理者、政府机关、事业单位的高层管理者等,有雄厚的经济实力属于二次或多次置业者。他们的年龄多在 45 岁以上,有较高的生活品位,对周边绿化环境、人文氛围、住宅私密性及邻里知识层次等因素要求较高,通常会选择独栋式别墅、Townhouse,或者是黄金地区的高档公寓。

(2)中高收入者

中高收入人群通常为政府机关、事业单位的中层管理者,企业中高层管理者,私营个体业主,一般为 30～40 岁,有一定积蓄,并且有稳定的较高收入,购房的动机主要是为改善原有的居住条件,属二次置业。因此,他们对住宅选择比较注重生活的舒适性和实用性,对房型设计、楼层选择、地段位置、配套完善、社区规模、物业管理等方面要求较高,通常会选择价格适中的 Townhouse 或较高档的公寓。

(3)中等收入者

中等收入人群通常工作时间短,虽收入稳定,但目前收入不高,多为政府机关、事业单位青年公务员或企业初级青年职员。这一人群,年龄在 25～30 岁,收入较同龄人稍高,大部分为贷款购房。因此,一般多选择普通住宅或面积较小的普通公寓,以价格为主导,住宅经济实用、靠近工作地点、交通便利是其选择住宅的主要考虑因素。

3. 按客户购买动机分类的住宅市场细分

按客户购房动机分类,主要可以分为自住型、投资型、敬孝型三种。

(1)自住型

自住型住宅又可分为过渡型、改善型、享受型三类。过渡型住宅一般为面积小、价格较低的低档或普通住宅,多数是中等偏下收入者或刚参加工作的青年在还未结婚或工作不是很稳定时,用来过渡的住宅;改善型购房者通常是为了改善居住条件而选择的二次置业,一般会选择比原住宅面积较大、环境更好、档次更高的住宅,消费者以中高收入或高收入人群为主,因此改善型消费者一般不会选择低档或普通的住宅;享受型消费者通常为高收入人群,一般是为了休闲度假或娱乐而购置的住房,不作为第一居所,多选择风景名胜区、休闲度假村或娱乐设施非常完善的区域的高档住宅,如别墅、Townhouse、高档公寓或酒店式公寓。

(2)投资型

投资型客户就是人们通常说的投资客或炒房者,他们一般比较重视住宅所处的地理位置、住宅的户型结构,因为这些是影响住宅价值的主要因素。从地理位置上看,交通发达的地铁沿线、商业中心区等升值潜力大或需求潜力大的区域往往是投资客所热衷的选择;户型选择多以当前市场较为热门的户型为主。投资型住宅多为普通住宅或公寓,价值量大的如别墅等高档住宅虽然可能预期的投资收益比较大,但风险也较大,投资客们对此类住宅的选择都会比较谨慎。

（3）敬孝型

敬孝型购房者通常是有一定经济实力且具有较高收入的中年人,他们为自己的父母购置用以养老的住宅。这类住宅地点上多选择环境清幽、能颐养天年、离自己居所较近、方便照顾老人的地方;类型上以老年住宅为主,注重居住的舒适度,兼顾老年人的生活特点和行为习惯;风格上,多选古典风格的住宅。

7.2.3 按区位细分

正如在商品住宅市场特征的分析时所述,商品住宅市场具有区域性明显的特征,不同区域的住宅具有不同的特点,区位也是细分住宅市场时一个不可忽视的标准。住宅市场供给的区位细分常用两个标准:①离市中心的远近;②板块。用板块区分的住宅细分市场的特点需要根据各城市的具体情况来概括,这里仅以住宅市场与市中心的距离作为标准来进行区位细分,见表7-3。

表7-3　　　　　　　　　　　住宅市场的区位细分

细分标准	细分市场	特点
地点	市中心	1.交通便捷,商业繁华,周边的配套设施和市政服务非常完善 2.供给数量有限,小户型为主,多为现代风格的公寓式高层住宅,总价较高,以高收入和中高收入消费者为主 3.租赁市场活跃,市中心住宅出租率高,租金较高 4.保值性强
	市区	1.交通便利,周边配套设施较完善,商圈影响不断向外辐射 2.住宅需求潜力大,形式多样,户型面积灵活,多层和小高层住宅的品质较高,价格比市中心稍低,中高消费者居多 3.具有较大的升值潜力,比较适合用于投资
	郊区	1.配套设施和交通条件有限,但环境优美、空气清新,为多数高收入人群或有车族所喜爱 2.供给量大,多为大面积的低层、多层或小高层住宅,是别墅和Townhouse的聚集地点,有部分为普通住宅和普通公寓
	城乡接合部	1.交通不便,缺乏市政配套和商业服务设施 2.住宅一般多为多层或小高层的低档住宅,物业服务也较落后

7.2.4 按使用方式细分

商品住宅主要用于居住,在住宅市场上,消费者购买住宅商品欲望和目的不同,产生了不同的购买动机和使用行为,因此对于产品的需求也会有所不同。按使用方式细分,商品住宅主要有第一套住宅和第二套住宅两类,其中第一套住宅主要是常住型住宅,是消费者经常使用的住宅,供平时生活起居用的住宅,通常以普通住宅或公寓式住宅居多;而第二套住宅主要是供度假休闲时使用的度假型住宅,主要为别墅或 Townhouse,一般是位于环境优美的度假休闲场所或郊区,为利于修身养性的清幽之地。

7.3 商品住宅市场环境分析

7.3.1 商品住宅市场经济环境分析

1. 宏观经济环境分析

房地产业与国民经济有着密切的关系,一个城市、一个项目的市场供给与需求都不可能脱离宏观经济环境的影响。在进行商品住宅市场的分析时,有必要对宏观经济环境进行分析,以从宏观上把握商品住宅市场发展的方向。

在进行商品住宅市场的分析时,对宏观经济环境主要需要关注宏观经济的景气情况、人均 GDP、城镇居民人均可支配收入、物价等经济要素的变化情况。对这些要素的变化情况,不仅要了解它们是增加还是下降,而且更要了解其变化幅度的涨跌情况,以确定它们的发展趋势。

对这些要素的分析可以借助权威媒体和政府有关部门公布的数据。虽然有时这些数据也存在一定的误差或政策导向,但当市场参与者把这些信息都作为自己进行决策的依据时,它就完全具有真实信息的功能。

2. 地区经济环境分析

在进行商品住宅的地区经济环境分析时,首先需要分析地区或目标项目所在城市在全国的经济圈中所处的地位及所处经济圈的基本情况;其次要研究所在地区或城市的 GDP 总额、人均 GDP、城镇居民人均可支配收入的数量及其变化情况、产业结构及其演进的历史和趋势主导的产业及其重大产业的投资情况。之所以要分析这些经济要素,是因为城市所处经济圈的基本情况影响着一个城市的经济活力,城市在所处经济圈中的地位决定了一个城市的区域分工及产业结构,城市的 GDP 总额决定了一个城市的经济实力,人均 GDP 和城镇居民人均可支配收入决定了这个城市商品住宅市场潜在需求者的消费能力或在住宅消费上的支付能力,产业结构及其演进的历史和趋势决定了这个城市现在及将来的住宅消费者的住房需求偏好和需求能力,主导产业及其重大产业的投资情况则对城市未来几年的经济发展有着重要的影响。

需要指出的是,在具体进行某个项目的地区经济环境分析时,要根据项目拟建住宅的档次来确定具体的宏观经济和地区经济环境分析的内容,因为同样的经济环境对不同收入人群具有不同的影响。

7.3.2 商品住宅市场政策环境分析

众所周知,房地产市场受政策的影响十分明显,作为房地产中最主要的组成之一的住宅市场,政策对住宅市场的影响显著。住房不仅是个人问题,更是社会问题,各个国家对其公民的住房问题都很关注,都会通过制定有关政策来对住房供给和需求进行调控。

影响商品住房市场的政策包括开发环节的政策、消费环节的政策和流通环节的政策,从大类上可以分为土地政策、金融政策、税收政策、住房结构政策、住房保障政策以及其他政策等。具体来说,房地产市场分析人员在进行商品住宅市场分析时,针对各个环节主要需要分析以下政策对商品住宅市场的影响。

1. 开发环节的政策

此环节的政策对商品住宅市场的影响,主要体现在影响商品住宅的供给成本,从而影响商品住宅的市场供给量。具体需要分析的政策包括土地的出让政策(如关于国有土地出让方式的规定)、集体土地征收及其补偿方面的政策、耕地占用税政策、建设用地有偿使用费的政策、房地产开发方面的节能与环保政策、住房的供给结构政策(如国六条中关于"90/70"的规定)、土地的供应政策(如对经济适用房实行划拨供地、限价房的土地供应实行竞房价与竞地价的"双竞"供应政策、"国六条"中关于90平方米以下的普通商品住宅和保障性住房的土地供应面积应占住宅用途供地总面积的比例政策)、开发贷款利率的政策、开发企业项目资本金的比例政策、开发企业贷款条件的规定、在建工程抵押贷款的有关规定、有关开发企业的土地增值税政策等。

2. 消费环节的政策

此环节的政策影响商品住宅市场的需求量和需求偏好,具体需要分析的政策主要有契税政策、按揭首付比例的政策、按揭贷款利率政策及其他贷款政策(如公积金贷款政策、第二套及第二套房以上购房贷款政策)、有关普通住房的标准及税费的优惠政策、住宅专项维修基金的政策、房屋质量保修方面的规定、房屋登记的有关规定、商品住宅销售中有关纠纷处理的规定、物业管理的政策等。

3. 流通环节的政策

此环节的政策主要影响商品住宅的投资需求量和投机需求量,具体需要分析的政策主要有产权转让的契税政策、土地增值税政策、营业税政策、个人所得税政策以及产权转让的条件(如关于预购商品房转让的有关规定)等。

需要指出的是,分析商品住宅市场政策环境,不能仅分析国家出台的政策,还要分析当地的有关政策，如购买住宅是否可以办理农业户口转城镇户口的规定等。另外，在进行住宅市场的政策环境分析时，不要忽视对保障性住房政策的分析，因为保障性住房是住宅的替代品，它会影响住宅的供给与需求。

7.3.3 商品住宅市场规划环境分析

虽然土地利用规划、国民经济和社会发展规划以及其他规划都会对商品住宅市场产生影响，但对住宅市场规划环境影响的分析主要是要分析城市规划、土地利用年度计划、住房建设规划和住房建设年度计划等规划环境。

对于城市规划中的城市总体规划，主要分析城市规划区的范围、城市功能分区、人口规模、居住用地的安排与布局及三种建设规划，即基础设施建设规划、公共服务设施建设规划、交通设施和交通线路的建设规划。对这三种建设规划，重点分析的内容为这些设施或线路的选址与布局、规模、范围及建设进度安排，分析应主要依据城市总体规划中的近期建设规划。分析城市总体规划环境对商品住宅的影响时，首先要分析这些规划要素以一种什么样的路径来影响商品住宅市场的供给或需求，产生影响的时间、强度、期限和范围。不仅要从整个城市的商品住宅市场来分析这些规划环境的影响，当针对某个开发项目做市场分析时，还要从竞争的角度来分析这些城市总体规划要素的影响。

对城市详细规划环境的分析，要完全从片区竞争的角度来分析，而且要从项目的竞争供给量、项目的占有率这些指标上来分析城市详细规划(控制性详细规划)对目标项目市场供求的影响。

对土地利用年度计划的分析，主要是从中预计当年住宅用地的供给量，从而预计出当年新增住宅的供给量。对于住房建设规划和住房建设年度计划的分析，主要是从中分析未来各年的住房供给量及供应结构，并分析出当年各类住房的供给量及其分布的空间位置，从而为项目的竞争分析提供基础。

需要指出的是，规划环境是政府这双无形的手对市场施加的影响，但它对市场影响的大小还有赖于市场条件，政府各项规划的实施都需要有经济基础。要使土地的供给转变为商品住宅的供给，就必须让市场的参与者接纳，规划环境对商品住宅市场供给的影响还需要通过市场本身来发挥作用。因此，市场分析人员不能把规划环境与市场供给画等号，而必须结合其他方面来确定，市场分析问题不能脱离市场来分析。

7.3.4 商品住宅市场社会文化环境分析

社会文化环境一般包括人口状况、教育程度、风俗习惯、宗教信仰等各个方面。商品住宅市场的社会文化环境影响主要是指在人口状况和教育程度两方面的影响。其中，受教育程度主要与人们的学历层次结构有关；而人口环境分析的主要影响因素有：城市人口规模及分布、家庭人口规模、人口的年龄结构、就业人员数量、人口的就业分布、家庭可支配收入、目前的居住水平(如人均住房面积)、人口的就业率或失业率、人口的收入层次结构、各片区的治安状况、消费习惯、投资习惯、外来人口状况、城市化进程安排、目前的房价收入比等因素。

7.4 住宅市场需求分析

住宅市场需求的分析是指对商品住宅市场的需求、潜力需求、结构需求、能力需求、偏好和需求行为的分析。

7.4.1 住宅需求的影响因素

商品住宅需求包括需求量、需求偏好、需求行为三个方面,它们都是进行商品住宅市场需求分析时要研究的内容。对于一个城市来说,商品住宅的需求偏好和需求行为主要与该城市的社会文化环境有关,具体包括人口的文化层次结构、家庭人口规模、历史文化传统、人口的年龄结构、人口的民族结构、消费习惯或传统、自然条件等;而该城市商品住宅的需求量主要与该城市的人口数量、居民的购买能力或收入水平、房价收入比、居民现有住房的状况、宏观经济环境、政策环境、该城市的旧城改造计划、保障性住房建设的计划与规划、人们对未来的预期(特别是对未来房价涨跌的判断)、消费者的心理、城市化的进程等因素有关。对于一个房地产项目来说,其需求量的影响因素除上述因素外,还决定于该项目的品质(包括区位品质、市政配套设施完备度、小区内的配套设施完备度、小区的环境景观条件、小区规划布局的情况、房屋的建筑品质)、该项目的单位面积售价以及该项目的促销力度等。

7.4.2 住宅需求潜力分析

1. 住宅需求产生的原因及种类

商品住宅需求产生的原因及种类是需求潜力预测的基础,因为需求产生的原因可以为需求潜力的预测提供技术思路,不同原因的各类需求具有不同的需求潜力估计方法。

人们购买商品住宅的原因概括起来有自住、投资及投机三种,相应的,商品住宅的需求也可以细分为自住需求、投资需求和投机需求。其中,自住需求又可以分为刚性自住需求、改善型自住需求和享受型自住需求,而刚性自住需求又可以分为主动式的刚性自住需求和被动式的自住需求。

刚性自住需求,是指人们对一般面积大小的一套住房的需求;改善型自住需求,是指人们为了改变居住条件而产生的需求,例如,某居民原有一套建筑面积为70平方米的住房,随着经济条件的改善和社会上整体居住水平的提高,他打算把原住房卖掉后去购买一套130平方米的住房,而他产生的改善型自住需求为60平方米;享受型自住需求,是指为了追求生活享受而产生的住房需求,一般可以界定为人们购买第二套住房的需求。主动式的刚性自住需求,是指人们基于成家立业的需要所产生的刚性自住需求;被动式的刚性自住需求,是指原来具有住房的居民由于原所住房屋被拆迁而产生的刚性自住需求。

2. 商品住宅需求潜力的分析方法

商品住宅需求潜力的分析方法要根据需求的种类来确定。在上述的自住需求、投资需求和投机需求三类需求中,投资需求和投机需求的需求潜力一般通过调查项目所在城市同类楼盘的投资客和投资客所占的比例来估算一个项目的投资需求和投机需求,但我们难以预测一个城市住宅的投资需求潜力和投机需求潜力,因为二者可以随着宏观经济和政策的变化而发生非常大的变化。下面主要介绍自住需求潜力的估算方法。

对商品住宅市场自住需求潜力的分析主要有三种方法:①人口资料分析法;②家庭规模资料分析法;③居民收入资料分析法。

(1)人口资料分析法

无论是自购还是承租住宅,住宅都是人们生活的必需品,区域人口资料与房屋住宅需求量是密切相关的。人口资料包括:区域人口数量、人口增长状况、人口地区来源状况、就业状况等。人口因素不仅在人口数量上决定住宅的需求潜力,家庭的规模、年龄结构和人们的文化素质都对住宅的需求有很大影响,其影响不仅体现在对数量需求上,也体现在对住宅的结构、功能、配套、户型等方面的需求选择和要求上。住宅面积需求总量由每年新增人口需求面积、原有人口需求增加面积和年拆迁面积三部分构成。从人口的来源及就业状况资料的分析可以了解到住宅消费群体的差异化、消费特征和消费能力,而人口数量和人口增长状况资料的分析可以统计、预测出现有和未来的人均住房需求量和市场总体需求量。人口资料法就是对通过人口数量、人口增长状况、就业状况、人口区域来源等资料的搜集、整理和分析,对该区域产业结构和住宅需求潜力进行统计和预测。人口资料分析法是商品住宅需求潜力分析的重要方法之一。

(2)家庭规模资料分析法

在我国,家庭是社会的主要构成单位,一般人们都是以家庭为单位选择住宅聚集的。家庭规模资料分析法是一种通过预测未来的家庭规模来推算住宅需求潜力的一种方法,用公式表示为:

$$住宅需求潜力 = \frac{未来的总人口数量}{未来的家庭人口规模} \times 未来平均每个家庭所需的住宅面积 \qquad (7-1)$$

对未来的总人口数量、未来的家庭人口规模和未来平均每个家庭所需的住宅面积的预测,可以采用线性趋势法、平均增减量趋势法和平均发展速度趋势法等方法进行。

由于总人口数量与家庭人口规模的"商"为总家庭数量,而家庭住房的拥有率不可为 100%，所以在计算"平均每个家庭所需的住宅面积"时，要注意以总家庭数量为计算基数。

由于不同年龄的客群、不同收入的客群、不同职业的客群具有不同的家庭人口规模和平均每个家庭所需的住宅面积，所以在推算住宅需求潜力时，宜根据项目的档次及其他各方面的特性，以其初步定位的客群作为计算时考虑的范围。

(3) 居民收入资料分析法

住宅是人们生活需求中的一笔巨大投资项目，居民的收入对住宅需求有直接的决定和控制作用，住房需求的大小和结构与人们的收入状况关系密切。居民收入资料分析法是通过市场调查搜集人们的收入情况资料，充分了解消费者住宅需求和收入之间的关系，判断人们在适应的消费情况下对住宅的需求量。交易区域的居民是否有足够的收入购买或承租待开发住宅，对决定是否建造或建造哪种住宅非常重要。因此，住宅项目市场分析应对拟建地块商圈范围内的消费者数量、消费者的收入水平、家庭收入水平和各个收入水平下的消费群所占比例作深入的市场调查，同时对区域范围内的供给量及供给结构也要作深入的分析。

7.4.3 住宅需求偏好分析

住宅需求偏好分析包括商品住宅需求品质偏好分析和商品住宅需求行为偏好分析，对有关的消费者进行问卷调查，然后统计出消费者的偏好。

7.5 商品住宅市场供给分析

7.5.1 商品住宅供给的影响因素

商品住宅供给，包括供给量、供给结构两个方面，它们都是我们进行商品住宅市场供给分析时要研究的内容。一个城市商品住宅的供给结构主要与该城市的住宅的土地供应政策和居民的住房消费偏好有关。住宅供给量分析分为住宅增量供给和住宅存量供给的分析。一个城市的住宅增量供给量的主要影响因素包括建筑过程中所有要素的价格（如建筑材料和人工费下降等）、建筑过程中所有要素的生产率和技术、市场中开发商的数量、开发商对未来销售量的预期、住宅开发建设资金等；而该城市商品住宅存量供给量主要与该城市居民的失业率、住户的购买力、住户的生命周期、居民工作地点的变动、人们对未来的预期（特别是对未来房价涨跌的判断）等因素有关。对于一个商品住宅项目来说，其供给量的影响因素除上述因素外，宏观经济、有关住宅开发的相关调控政策、城市规划政策等也都对住宅的供给量有较大的影响。

7.5.2 商品住宅供给量分析

供给量的数据对开发商来说是极其重要的,对供给量进行分析的内容包括两部分:①准备上市的增量供给量;②已经上市的存量供给量。

1. 商品住宅增量供给量的分析

建房之前,首先必须对土地增量供给量进行分析。要想知道拟建开发的住宅量,比较直接的方法就是得到国家出让的土地和开发规划的数据。开发商要获得拟建项目的信息十分困难,而且很难找到权威、系统、准确的市场信息,但我国房地产管理法规定,土地出让之前要由政府进行土地利用的整体规划及功能分区规划,同时政府部门掌握着大量的相关信息。因此,用市场调查来对潜在供给量进行分析是行不通的,我们必须借助政府的资料来完善住宅市场增量供给的资料。

增量供给量分析就是对未来时期房屋供给量以及对计划开发物业的销售期内即将投入市场的供给数量进行预测。对增量住宅进行分析也就是通过将要开发的住宅量、将要竣工的住宅量、将要预售的住宅量的统计,核算出住宅市场中将要增加的住宅各类户型和物业的供给量。这些未来时期内投入市场的供给量当然可以从政府部门得到信息,但是每天都可能会有新的项目竣工,有新的项目开始预售,有新的项目批准立项,因此在市场分析时,对增量供给进行统计一定要保证数据的有效性和完整性,避免增量供给数据与事实不符所带来的不良后果。

现行比较实际可靠的办法之一就是通过"房地产住宅开发管道图"来搜集数据,把整个对房地产开发的管理过程当作一个流动的过程,把一个个审批环节连接起来看成是一个个"管道器",通过分析"管道"中各个部分的数据,从而确定未来销售期内的潜在供给量。

2. 商品住宅存量供给量的分析

存量住宅是与增量住宅相对应的概念,增量供给被市场上的投资者或消费者购买或租用就变成了住宅市场上的存量。一个健康的住宅市场应该是新旧房源互动的经济运行体系,由于住宅消费水平的提高或工作变动等,原住宅消费者可能会选择新的住宅而放弃原有住宅,原有住宅便可能成为住宅市场的存量供给。同时,由于投资者要寻找最终的住宅使用者,也将向住宅市场提供存量住宅的供给。

一般通过失业率或住户的购买力、住户的生命周期、工作地点的变动等要素的资料搜集,对居民更换住宅量进行分析,然后根据居民更换住宅量和投资客手中准备投入市场的住宅量等数据的衡量来对存量供给量进行分析。存量供给数据一般通过组织市场调查来获取,同时现在大多数城市都有专门的政府机构或商业机构对市场现有的各种物业的供给结构及供给量进行调查,并出版月度、季度、年度的住宅物业统计报告,这也是获得现有供给信息的重要渠道。

7.5.3 商品住宅供给结构的分析

在对商品住宅市场供给的分析中,只对住宅量进行分析是不够的,住宅供给量分析只能给开发商一个较为笼统的供求状况的概念。为使开发商能更清楚地了解市场真正的需求,应该对住宅产品的类型结构、期望等进行统计分析,这就需要通过对住宅供给结构分析来获得,因此住宅供给结构分析也是住宅市场分析中一项必不可少的内容。

1. 商品住宅供给结构分析的内容

商品住宅供给结构的分析就是在供给量分析基础上,收集某一区域的住宅结构的资料,供给结构分析的内容主要是对住宅档次、户型层数、价位等方面的供给结构进行分类、分析、统计。

(1) 供给的档次结构

商品住宅市场档次的供给结构分析,主要是在收集到的某一区域供给量分析的相关资料基础上,对各区域的商品住宅档次进行归类和统计分析,得到各种档次的住宅在市场中的大致比重和分布等数据。一般来说,住宅的档次主要是针对不同收入或不同的消费群所进行的分类,住房供给的档次结构合理度、标准住房的品质档次结构要与居民的收入结构相适应。住宅档次主要分为高档、中档、中低档及低档廉租住房等档次类型,我们可据此对住宅市场的档次供给结构进行分析。

表7-4 为某市居民收入统计表。表中数据显示,高收入居民占12%,中高收入居民占15%,中等收入居民占41%,中等偏下收入居民占8%,低收入居民占20%,最低收入居民占2.8%。根据上述收入数据,对该区域住宅市场档次供给结构进行分析得出,该市的住房品质档次结构的理想安排应是:高档次住房约占10%,中高档次住房约占20%,中等档次住房约占40%,中低档次住房约占10%,租房(包括廉租住房)约占20%。某市住宅档次供给结构如图7-1 所示。

表 7-4 某市居民收入统计表

收入等级	所占比例	收入等级	所占比例
高收入	12%	中等偏下	8%
中高收入	15%	低收入	20%
中等收入	41%	最低收入	4%

图 7-1 某市住宅档次供给结构

(2) 供给的户型结构

在商品住宅市场供给分析中,户型的供给结构分析主要是对区域内各种户型数量分布进行统计和分析,户型结构一般也就是根据住房的面积结构、几室几厅的规划布局、套数分布等方面来统计。总的来说,住房的户型供给结构想要趋于合理,住房的面积户型供给结构应与可能消费居民家庭的支付能力和实际需要相适应。目前,我国大多数城市的商品住宅市场都以90平方米以下的户型供给为主,一般不低于50%,图7-2为某市住宅户型供给结构。

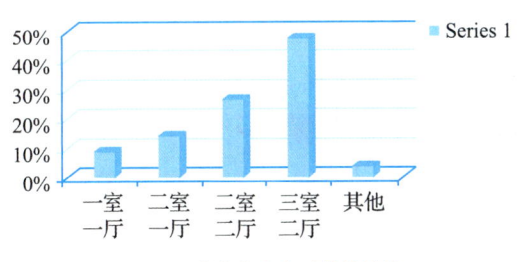

图 7-2 某市住宅户型供给结构

从上面的户型供给数据中可以看出,该市一直以来的供应都以大户型三室二厅和二室二厅居多,其中三室二厅差不多快接近50%,占了将近半个住宅市场的供给。因此,我们在进行分析时既要考虑现有供给的状况,也要根据该市居民的户型偏好,分析出产品户型供给的缺口。

(3) 供给的层数结构

商品住宅市场的层数供给结构分析与前面所述的档次、户型的供给结构分析方法相似,一般住宅层数分布有低层、多高层、小高层、高层、超高层等分类。住宅层数供给主要根据区域的规划要求、土地开发利用情况及开发过程中对需求等的预期来分布和规划。开发商对层数的供给结构深入分析,有利于对开发产品的层数作出选择,找出切合市场的住宅层数需求。

(4) 供给的价位结构

在对某个区域的市场供给量结构进行分析后,将各区域的价位供给结构进行对比,从而得到各区域的价位供给特征。价位的供给情况对住宅市场的影响至关重要,通过对某区域的几个板块价位进行比较分析,可以发现住宅市场价格供给的变化趋势。例如,一般市中心及周围区域的价位较高,而且区域经济的发展价位有升高的趋势。但很多时候市场也可能会出现住宅价位供给结构不合理的情况,如很多城市都曾出现过中低价位供给偏紧的现象。因此,价位的供给结构统计和分析,有助于在市场分析中对住宅价位进行合理控制。

2. 商品住宅供给结构分析方法

商品住宅供给结构也主要是通过市场调研,搜集资料后统计整理分析得出的,一般是先划定研究的区域范围,然后对该区域的已开发、正在开发和即将开发的住宅项目楼盘展开调查,分别对其档次、户型层数、价位等情况进行调查统计和归类。利用现有的统计指标(完成投资额、新开工面积、实际销售面积)从增长比例和增长速度两方面进行分析,分别计算住宅投资的比例结构和投资增长速度,得出区域内现有住宅的供给结构和未来住宅供给结构发展趋势的分析结果。

7.6　商品住宅市场的竞争性分析

市场中有买卖的交易活动,就会出现竞争,在商品住宅市场中也不例外。由于住宅产品的多元化,市场的日渐复杂,竞争的出现是必然的。这里主要从产品竞争方面阐述商品住宅市场的竞争性分析。

7.6.1　商品住宅产品构成要素

住宅产品指用于组成住宅的各种材料部件和设备等,它并不局限于住宅的一定部位,还包括产品发挥的功能作用及其权益,商品住宅产品主要由实物、权益、区位三要素构成。在做产品竞争性分析时,我们要对商品住宅的实物、权益和区位进行研究,具体的分析内容见表 7-5。

表 7-5　　　　　　　　　　商品住宅的实物、权益和区位分析

要素	具体的分析内容
实物	a. 建筑面积、户型分布 b. 建筑风格、装修档次 c. 建筑设计、结构和质量 d. 建筑小品 e. 楼梯、电梯 f. 停车位数量、停车场的设施 g. 小区内的公共服务设施和配套设施
权益	a. 土地与建筑物使用权性质 b. 土地年限和住宅使用年限 c. 土地规划用途 d. 容积率、建筑密度、绿化率
区位	a. 交通通达性(公交便捷度、道路通达度、对外交通便利度) b. 周边居住环境、景观条件 c. 商业繁华程度、离商服中心的距离 d. 基础设施完备程度及其质量、产业聚集程度 e. 配套设施(如行政中心学校、医院、银行等) f. 规划:该区域的整体规划和未来的发展趋势

7.6.2 商品住宅产品竞争性分析内容

进行商品住宅产品的竞争性分析,最主要的就是发掘出产品的卖点和劣势。

1. 卖点

卖点是指商品具备了前所未有、别出心裁或与众不同的特色、特点。这些特色、特点,一方面是产品与生俱来的,另一方面是通过营销策划人的想象力、创造力产生的。在经济领域中,住宅产品竞争性分析主要是为产品寻找和发掘卖点,找出市场营销的突破口。商品住宅产品的卖点分析主要是通过对住宅的价格、户型、配套、景观等的分析和对比,从而发掘其优于或异于其他产品的地方,如奥林匹克花园住宅小区的卖点是有较完善的体育、运动配套,体现了健康的理念;蚂蚁工房的卖点是面积小,比较适合刚工作不久的青年人群。

2. 劣势

商品住宅的劣势分析是竞争分析的重要内容之一,只有了解自身的劣势,才能在竞争时采取相应的措施扬长避短,只有了解竞争住宅项目的劣势,才能从中发掘自身项目相对竞争项目的优势所在,从而扩大自身住宅项目在群众中的影响。一般从建筑外立面、地理位置、产品特色、户型设计、物业类型等各个方面对住宅进行分析,找出项目的劣势。

7.6.3 商品住宅产品竞争能力分析方法

商品住宅产品竞争性分析的方法主要有SWOT分析法和打分法,但在做竞争分析时,第一步就是要了解清楚目标住宅项目自身和周边竞争住宅项目的具体情况及产品的详细资料,具体内容见表7-6。

1. SWOT分析法

SWOT分析法就是对住宅产品的优势、劣势、机遇、挑战分别进行分析,然后用SWOT矩阵组合来分析提升产品竞争力的战略对策。SWOT分析理论是当前市场分析研究的主要分析理论之一,在竞争分析中也有非常重要的影响力,在商品住宅竞争市场分析中也同样具有重要的借鉴意义。

2. 打分法

打分法一般通过请专家打分的方式会比较有说服力,采用权重法打分,首先是列出影响因素,然后标出每个因素的权重,然后根据实际现状进行比较,给每个影响因素打分,可以采用十分制,也可以采用百分制,住宅产品最后得分就是各个因素得分乘以相应的权重后相加之和,得分越高说明住宅产品的竞争力越大。

对住宅产品A与住宅产品B进行竞争性分析,选择影响交通通达度、基础配套设施、户型结构、价格等因素作为分析因素。百分制权重打分列表见表7-7。

表 7-6　　　　　　　　　　　　　　楼盘情况调查表

楼盘名称					
楼盘地址					
基本资料	开发商				
	代理商				
	物业管理				
	占地面积				
	建筑面积				
	容积率				
	绿化率				
	规划户数				
	住宅类型				
	开盘时间				
	交房时间				
户型配比	户型	面积（范围）	户型套数	已售套数	销售率
价格与付款	均价	最低价：　　　　　　元/平方米		最高价：　　　　　元/平方米	
	付款方式				
	物管价格	元/平方米/月			
配套					
客户来源					
优势					
劣势					

表 7-7　　　　　　　　　　　　　　百分制权重打分列表

	交通通达度	基础配套设施	户型结构	价格因素	竞争指数
权重	0.2	0.3	0.25	0.25	1.00
项目 A	85	90	80	90	86.5
项目 B	90	90	90	85	88.75

住宅项目 A 的竞争指数为:$85\times0.2+90\times0.3+80\times0.25+90\times0.25=86.5$

住宅项目 B 的竞争指数为:$90\times0.2+90\times0.3+90\times0.25+85\times0.25=88.75$

竞争打分分析可以说明,在既定的权重下,住宅产品 B 的竞争性比产品 A 的竞争性强。同时从权重打分表中也可以获得项目的优势和劣势比较分析内容,可以看出,项目 A 和项目 B 相比,项目 A 的优势是基础配套较完善及价格较为合理,劣势是交通不够便利,还有户型设计不够合理。

思 考 题

1. 住宅市场的特征有哪些?
2. 住宅市场细分的标准有哪些?
3. 住宅需求的影响因素有哪些?
4. 商品住宅供给的影响因素有哪些?
5. 简述商品住宅产品竞争分析的内容。

第 8 章

零售商业物业市场分析

学习要点

本章对零售商业物业市场分析进行了理论阐述与实践问题探讨,在对商圈划分进行界定的前提下,首先阐述零售商铺的市场特征及市场细分,并且对零售商铺市场背景进行分析。其次在理论上分析零售商业物业市场的需求、供给特征。最后分析零售商业物业市场的竞争力情况。通过本章学习,学生能够掌握零售商业物业市场分析的概念、特征及其细分,熟悉零售商业物业市场分析的需求和供给特征,掌握零售商业物业市场竞争力分析方法。

零售商铺是指主要以零售方式销售商品的商业房地产。如百货商场、超市、购物中心、社区商铺等,它不包括以销售服务为主的酒店、宾馆等商业物业。零售商铺是一个和批发商铺的对应概念,其主要特征是销售商品而不是服务,其销售方式是以零售为主。从经济学角度来讲,零售商铺的市场分析,就是要确定零售商铺的供求数量、供求偏好和供求价格。零售商铺的消费者是零售商,零售商对商铺物业的需求大小是由消费人群对所提供的商品的需求量决定的。因此,零售商铺市场分析的第一步就是弄清消费者对商品的需求,第二步是将消费者对商品的需求变换成对零售商铺物业的需求。

8.1 商圈的划定

商圈分析在零售商铺市场显得尤为重要。商圈的合理分析,是零售商铺进行选址的前提和依据,且使企业了解所存在的市场销售机会,制定有效的竞争经营策略,挖掘企业的销售潜力。影响零售商圈划分的因素较为复杂,如城市规划、交通便捷程度、家庭及人口规模、地区经济条件、周边商业网点的空间竞争、消费者心理、行为习惯、偏好及购买水平等。商圈划分是在综合考虑以上因素的基础上,确定各个零售商铺吸引的消费人群范围。

8.1.1 商圈界定

1. 零售商铺商圈的内涵

零售商铺商圈是指一个零售商铺项目所提供的商业、贸易的范围,也可以说成是一个零售商铺项目的消费者所来自的区域,或吸引消费者的有效空间范围。

商圈包括三个层次:中心商业圈、次级商业圈和边缘商业圈。中心商业圈的顾客数量占这一区域店铺顾客总数的55%~70%,中心商业圈是最靠近店铺的区域,顾客在人口中所占的比重最高,每个顾客的平均购货额也最大,很少与其他商圈发生重叠。次级商业圈包含这一店铺顾客总数的15%~25%,这是位于中心商业圈外围的商圈,顾客较为分散。边缘商业圈包含剩余部分的顾客,他们最分散。

2. 影响零售商铺商圈大小的因素

不同零售商铺的所在地区经济、人口、城市规划、经营规模、经营品种、经营条件等不同,使得商圈规模、商圈形态存在很大差别。零售商铺在不同的经营时期受到不同因素的干扰和影响,其商圈也并不一定是一成不变的。另外,同一影响因素对不同类型的零售商铺商圈影响程度也不同。

(1)外部因素

影响商圈规模和形状的外部因素包括:家庭与人口因素、消费者购买力、收入、偏好、经济水平、交通状况、城市规划、配套服务行业等。下面重点介绍家庭与人口因素、消费者购买力、交通可达性。

①家庭与人口因素

零售商铺商圈的分析是一项复杂的系统工程,它所辐射的范围与消费者息息相关,一定区域家庭与人口是影响消费需求最基本的因素,家庭与人口因素对零售商铺商圈的大小及形状有相当重要的影响。

零售商铺商圈分析是确定零售商铺所在地消费者的需求量,因此,在零售商铺服务半径区域内的人口规模对零售商铺的商圈影响是显而易见的。一个较大的人口规模,对市场的消费需求也就较高,其商圈范围也就大。

就人口的年龄而言,一般 0~14 岁的少年儿童人口,他们本身并没有购买力,其消费主要在儿童玩具、食品、儿童读物等方面;15~64 岁的人口为有效需求者,这个年龄段的人消费量最大;65 岁及以上老年人口的消费观倾向于节省,消费需求主要在保养品和健身用品需求等方面。当其他条件为既定时,不同年龄结构类型的人口对市场消费需求有不同程度的影响,商圈的大小也就不一样。

②消费者购买力

家庭及人口规模、年龄、教育水平等仅仅是影响零售商铺商圈大小的一个方面,对零售商铺圈有影响的还有一定数量的消费人口所具有的购买力水平或购买规模,而一个地区人均购买力水平的高低又取决于这一地区的人均收入水平高低。人均收入水平高,购买力水平相应就高,对市场的需求也就大。通常我们用购买力指数来衡量一个地区的市场需求总量。购买力指数是国际上通用的评估某一地区市场需求总量的有效方法,其具体公式为:

$$购买力指数(BPI)=0.5Y+0.2P+0.3R \qquad (8-1)$$

其中,Y 表示某地国民收入居民消费额在全国总数中的比重,P 表示某地人口总数在全国人口总数中的比重,R 表示某地居民消费品零售额在全国总数中的比重。购买力指数越高,表明这一地区的市场需求总量越大,开设新的零售网点的成功率越高。

③交通可达性

每一个消费者都希望自己在消费过程中花费的时间和成本最低,因此,交通状况对于任何一种物业形态都非常重要。交通可达性最佳的实质是所有购物出行者到达购物地点的出行时间总和最小。交通便利,可以吸引更多的客流。交通条件对商圈的大小有影响,然而对不同类型的零售商铺,影响其商圈大小的交通条件并不相同,影响百货超市的交通条件主要是公共交通条件,而影响高档商品和大型购物中心这些类别的零售商铺商圈大小的交通条件主要是道路的通达度;同时在不同的城市,影响零售商铺商圈大小的因素并不相同,例如在北京,道路通达度对零售商铺商圈大小的影响大;而在一般的县城,道路通达度这个因素就显得没那么重要,因为县城范围小,很多购物者都以摩托车为交通工具,顾客对整个县城会没有距离的感觉,觉得到县城的任何一个地方都很近。

(2)内部因素

从上述分析我们得出,商圈的大小与人口有很大关系。从现象上看,该区对商圈有吸引力的是人口,但实际上与零售商铺商圈的内部因素也相关。随着所在地区人口的增长,零售商铺本身的规模经营品种及水平、业态类型、信誉及其供应的商品,在价格、品种、方式方面也有不同,这必然对消费者吸引程度不一样,其商圈规模也就不同。

一般来说,一个零售店与其竞争店相比,规模越大,顾客到店购物的可能性越大。在消费者看来,规模越大的店铺商品种类越多,有更多的商品可供选择,所以顾客愿意到稍微远但品种更齐全的商场去购物。当然也有特殊的情况,经营规模对不同类型商铺商圈的影响不一样,如购物中心内商场的规模越大,它所能覆盖的商圈范围就越大,而商场内单店规模越大,其覆盖的商圈范围并不一定越大。

商圈实际上是由顾客选择商店的行为形成的,顾客作为"经济人",在购买活动中总是追求自身利益的最大化,价格已经成为影响商圈规模的一个重要因素。如果购物成本一样,顾客则去商品价格较低的商店购买,这是顾客择店最基本的原则。

经营品种对商圈大小也有影响,高档商品的商圈更大,而日常用品的商圈更小。一件小的商品如报纸或汽水(方便品),既然附近就有供应这种商品的商店,那么走远路就毫无必要了。顾客不愿意走 0.5 千米或 1 千米的路去买这种可以节省几角钱的商品。但为了买一台洗衣机或电视机(选购品或耐用品),顾客愿意甚至可能会走上 5 千米去地区大型零售市场或仓储商店购买,所以说商圈规模还和经营品种有关。对于日常生活必需品,人们往往就近购买,主要表现为求便心理,所以经营此类商品的零售商店顾客主要来自居住区内的人口,商圈规模就小;而耐用消费品,消费周期长,属于偶然性需求商品,经营这类商品的零售店顾客来源少,相对来说,商圈规模较大。另外,经营特殊性商品的零售店,其商圈规模可能更大。

零售商的形象也对商圈有影响,如消费者自身对商店印象的比较会影响商圈。消费者往往有自己的倾向和偏好,他们往往跟着自己的感觉及平时的感情基础而光顾一些商店。消费者对商店的印象是对商店各个方面态度的综合,如商品的合适性、价格、服务态度、总的购物环境等。

8.1.2 零售商铺商圈的划分方法

零售商铺商圈测定的方法主要有理论模型法(主要有雷利法则、哈夫概率法则、康帕斯法则、阿普波姆法则)与实际调查法(主要有家庭购物调查法、顾客登记簿调查法、来店者调查法)。本节将重点论述理论模型法中的雷利法则与哈夫概率法则。雷利法则分析计算了零售区域的吸引力,哈夫概率法则测算了消费者的购物概率及消费额。

1. 理论模型法

(1)雷利的零售引力法则

此法则系由雷利通过对美国的都市商圈调查后发表的法则,称作"雷利零售引力法则"。其主要中心思想:具有零售中心地机能的两个都市,对位于其中间的一个都市或城镇的零售交易的吸引力与两个都市的人口成正比,与两个都市与中间地都市或城镇的距离成反比。

雷利法则以 3 种假设为基础:①两个竞争的城市(A 都市与 B 都市)在公路上有同等程度的靠近性;②两个城市可被利用的商品或服务的多少以城市人口的多少为标志,顾客被吸引到人口聚集中心,是因为有较多的商品或服务可供挑选;③顾客只到一个城市购物。

可以用下面的式(8-2)来表示:

$$\frac{B_a}{B_b} = \left(\frac{P_a}{P_b}\right)^N \left(\frac{D_a}{D_b}\right)^n \tag{8-2}$$

式中，B_a 为 A 都市从中间地 C 都市吸引来的零售销售额；B_b 为 B 都市从中间地 C 都市吸引来的零售销售额；P_a 为 A 都市人口；P_b 为 B 都市人口；D_a 为 A 都市与中间地 C 都市之间的距离；D_b 为 B 都市与中间地 C 都市之间的距离；$N=1, n=2$。

例如：假设 A 市有 1 万人，B 市有 3 万人，C 市位于 A、B 之间，距 A 市 20 千米，距 B 市 10 千米。如图 8-1 所示。

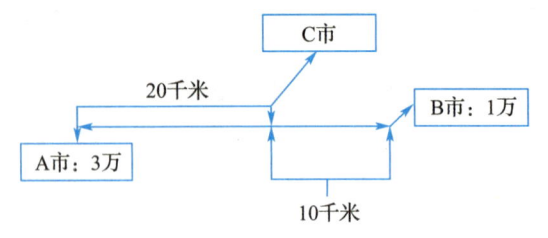

图 8-1 都市间距与人口

$P_a = 3; P_b = 1; D_a = 20; D_b = 10$，代入式(8-2)得：

$$\frac{B_a}{B_b} = \left(\frac{3}{1}\right)^1 \left(\frac{10}{20}\right)^2 = 3/4$$

可知：C 市的人到 A、B 两市购物的比例为 3∶4，说明 B 市对 C 市的吸引力较大，其主要原因是距离较近，消费者认为购物成本较低。雷利模型的提出，为商圈的量化与衡量提供了一种方法，为以后的相关研究提供了丰富的理论基础。

（2）哈夫概率法则

哈夫博士是美国加利福尼亚大学的经济学者，哈夫概率法则的最大特点是更接近于实际，他将过去以都市为单位的商圈理论具体到以商店街、百货店、超级市场为单位，综合考虑人口、距离、零售面积规模等多种因素，将各个商圈地带间的引力强弱、购物比率发展成为概率模型的理论。其内容是：在整个商业聚集区集中于一地的场合，居民利用哪一个商业聚集区的概率，系由商业聚集区的规模和居民到商业聚集区的距离决定的。其公式为：

$$P_{ij} = \frac{S_j}{(T_{ij})^\lambda} \bigg/ \sum_{j=1}^{n} \frac{S_j}{(T_{ij})^\lambda} \tag{8-3}$$

其中：P_{ij}——居住在 i 地区消费者至 j 零售商铺购物的概率；

n——全部零售商铺的总数；

S_j——j 商店聚集区的面积；

T_{ij}——居住在 i 地区消费者至 j 零售商铺购物所需的时间；

λ——指数用来衡量消费者因购物类型的不同而对路途时间的重视程度不同（需要通过实际调研或运用计算机程序加以确定）。

例如：①从 A 地区到 B 地区所需时间为 30 分钟；②从 A 地区到 C 地区所需时间为 15 分钟；③从 A 地区到 D 地区所需时间为 30 分钟；④B 地区的零售商铺场地面积为 9000

平方米;⑤C 地区的零售商铺场地面积为 6000 平方米;⑥D 地区的销售场地面积为 1000 平方米;⑦$\lambda=1$。

则:可以求出从 A 地区到 B 地区购物的概率为:

$$P_{ab}=\frac{S_b}{(T_{ab})}\Big/\sum_{j=1}^{n}\frac{S_b}{(T_{ab})}=\frac{8}{20}\Big/\left(\frac{8}{20}+\frac{4}{10}+\frac{2}{20}\right)=\frac{4}{9}=0.444$$

从 A 地区到 C 地区购物的概率为:

$$P_{ac}=\frac{S_c}{(T_{ac})}\Big/\sum_{j=1}^{n}\frac{S_c}{(T_{ac})}=\frac{4}{10}\Big/\left(\frac{8}{20}+\frac{4}{10}+\frac{2}{20}\right)=\frac{4}{9}=0.444$$

从 A 地区到 D 地区购物的概率为:

$$P_{ad}=\frac{S_d}{(T_{ad})}\Big/\sum_{j=1}^{n}\frac{S_d}{(T_{ad})}=\frac{2}{20}\Big/\left(\frac{8}{20}+\frac{4}{10}+\frac{2}{20}\right)=\frac{1}{9}=0.111$$

在使用哈夫模型的计算中,只运用 A 值、商业聚集区规模和时间数据。所以,可能出现与消费者行为不相一致的情况。在这种情况下,可以从店铺的销售能力、竞争力、其他重要的原因加以考虑。虽然在使用哈夫模型时,λ 值的求解是件很难的事情,但是迄今为止,哈夫模型仍然是最有效地计算商圈的方法之一。

(3)康帕斯法则

1943—1948 年,美国的伊利诺大学的经济学者康帕斯依据雷利的法则,进一步研究两个都市的行商势力范围,找出两个都市之间的商圈均衡点(康帕斯法则也遵循雷利法则成立的 3 个假设前提)。

求均衡点的公式为:

$$D_b=\frac{D_{ab}}{1+\sqrt{\frac{P_a}{P_b}}} \tag{8-4}$$

式中:D_b 为 B 都市所见的 A 都市与 B 都市间的商圈均衡点;D_{ab} 为 A 都市与 B 都市间的距离;P_a 为 A 都市的人口数;P_b 为 B 都市的人口数。

例如:以 X 都市为中心(图 8-2),求出 X 与 A、B、C 各个城市之间商圈均衡点(各自行商的界限)。

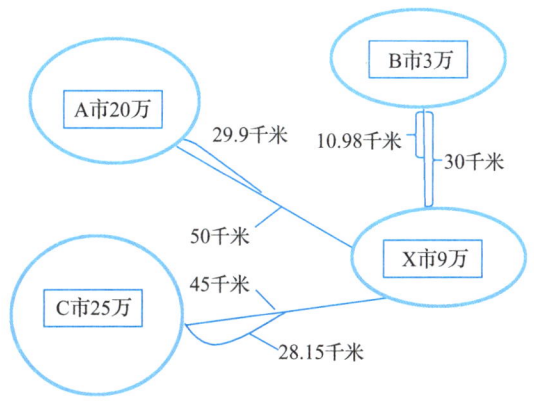

图 8-2 各个城市之间商圈均衡点

据以上例子,由 X 都市见到的 X 与 A,B,C 三都市间的行商均衡点距离 D_a, D_b, D_c 分别为:

$$D_a = \frac{D_{ax}}{1+\sqrt{\frac{P_x}{P_a}}} = \frac{50}{1+\sqrt{\frac{9}{20}}} = 29.9254 \text{ km}$$

$$D_b = \frac{D_{bx}}{1+\sqrt{\frac{P_x}{P_b}}} = \frac{30}{1+\sqrt{\frac{9}{3}}} = 10.98 \text{ km}$$

$$D_c = \frac{D_{cx}}{1+\sqrt{\frac{P_x}{P_c}}} = \frac{45}{1+\sqrt{\frac{9}{25}}} = 28.125 \text{ km}$$

从以上计算和图示可以看出,康帕斯法则可找出多个零售商铺或商业街或都市相互间的行商界限,由此确定各类零售商铺的商圈范围。

(4)阿普波姆法则

阿普波姆法则可以理解为从不同地区零售商铺面积的角度,界定商圈分界点,求取商圈大小。

其公式为:

$$D_a = \frac{D_{ab}}{1+\sqrt{\frac{P_a}{P_b}}} \tag{8-5}$$

式中:D_a 为 A 都市到分界点的时间距离;D_{ab} 为 A 都市与 B 都市之间的时间距离(小汽车行驶时间单位为分钟);P_a 为 A 地区的零售商铺面积;P_b 为 B 地区零售商铺面积。

以上阐述的测定商圈的理论法则主要适用于商业街、商业中心的大型零售企业,如购物中心、大型超市、百货超市等商圈的测定。至于小型零售店铺的商圈测定,则通过简便易行的实际调查方法。

2. 实际调查法

(1)家庭购物调查法

家庭购物调查法是一种相对广泛的正式调查方法,可以按居住区居民所需的商品、购物地点、家庭购物的频率、购物所占收入和支出比例等,来了解零售商铺的商圈分布情况。这样的调查规模比较大,所需人力、物力都大,费用就自然较高,但是有利于从整体上了解不同商铺的商圈格局,为零售企业发展及其设计竞争策略提供依据。

(2)顾客调查法

这种调查法相对比较简单,同时节省费用。只要了解来店者的具体情况,如居住地、工作地分布情况就能大致确定店铺的商圈范围。但是这种方法的局限性也很明显,首先就是只能了解已有店铺的商圈,而不能了解店铺未确定的商店的商圈,无法为企业的选址决策提供帮助;其次是只能了解来店的顾客,而不能了解没有来店的顾客;最后是只能了解商店的现实顾客,不能了解商店的潜在顾客。为弥补这些不足,我们可以把顾客调查法和家庭购物调查法相结合,这样有助于对商圈有更全面的掌握。

严格来说,来店的顾客还不是真正意义上的现实顾客,只有真正的购买者才是企业的现实顾客。要测定零售店的商圈其实并不复杂,只要零售店健全顾客登记制度,重视顾客档案的收集、整理并且灵活应用,就能做到。简单的做法是将顾客的住址标在地图上,随着商店积累资料的增加,商圈的范围就会日益明晰,而且还可以根据顾客的分布密度,区分出商圈的层次性。

在进行零售商铺商圈分析时,分析人员很多的信息都是从调查中得到的。表 8-1 是一般零售商铺商圈的调查表。

表 8-1　　　　　　　　　　　零售商铺商圈调查表

调查问题	调查记录
1. 勾画出主要的、次要的和周边商圈以及这些商圈的可达性	
2. 商圈内的人口数据,包括现有规模、历史趋势和未来预测,如:商圈人口过去 3 年是否有成长或稳定性情况	
3. 商圈的家庭及人口特征,包括家庭成员组成情况、人口规模、教育水平、收入状况、生活方式、年龄构成	
4. 商圈内零售空间发展情况以及不同零售类型购物中心的销售趋势	
5. 目标市场的人口统计数据所在商圈的居住人口信息	
6. 地区的道路、交通状况	
7. 该地区内除了商业以外,是否有足够多的吸引人群的各项设施,如基础设施教育、娱乐设施	
8. 商圈内不同类型零售中心的相互竞争的位置特征和销售趋势	
9. 邻近地区的直接竞争零售商铺密集区	
10. 针对不同消费者的行为、习惯和偏好以及趋势的零售商铺项目和标准	
11. 计划开发的零售商铺项目和标准	
12. 商圈范围内消费者的购买力	
13. 预期该地区经济情况,即该地区将来的发展性如何	

8.2　零售商铺的市场特征

8.2.1　需求属于引致性需求

引致需求,又称"派生需求",是指对一种生产要素的需求来自对另一种商品的需求。

例如:消费者为什么需要面包?因为面包能够提供直接的效用。面包商为什么需要面粉?显然他并不期望从面粉中得到直接的效用,他盘算的是,用面粉来生产消费者需要的面包以获取收益。正是消费者对面包的需求引致了面包商对面粉这样的生产要素的需求。因此,经济学家就把对生产要素的需求称为引致需求。消费者为了直接满足自己的吃、穿、住、行等需要而购买产品,对产品的需求是所谓的"直接"需求。与此不同,在零售商铺市场上,需求不是来自消费者,而是来自零售商铺开发商。开发商或投资商购买或租用零售商铺不是为了自己的直接需要,而是为了出售商品以获得收益。更进一步来看,开发商对零售商铺的需求,取决于消费者对零售商铺市场商品的需求。如果不存在消费者对商品的需求,则开发商就无法从投资的零售商铺物业中获得收益,从而也不会去投资零售商铺物业。由此可见,人们对商品和服务的需求产生了对零售商铺的需求,对零售商铺的需求是从消费者对商品的直接需求中派生出来的。

8.2.2　投资需求比重大

作为房地产的重要组成部分,商铺和住宅产业相比,总量虽然不大,但由于其发展潜力看好,具有增值的特性,投资回报率较高。所以,零售商铺受到投资者的喜爱,在零售商铺的需求中,投资需求比重大。

8.2.3　零售商铺种类繁多

零售商铺因为面积大小不同,有小型商场、中型商场、中大型商场、大型商场、超大型商场。由于经营方式上的不同,零售商铺表现的形式也是多样的,如百货店、超市、连锁店、专卖店、购物中心、打折店、便利店、杂货店等。从建筑外观形象方面我们发现,零售商铺也有很多不同的类型,如裙房式商场、独立式商场、高层写字楼或酒店中的商场、地下商场、多层带中庭的商场、多层不带中庭的封闭式商场等。像社区零售商铺物业消费需要的业态包括日常生活购物店(如超市、便利店、家庭百货店、专业店)、生活配套设施(如银行、洗衣店、美容美发店、维修店、书店、电信和邮政点),以及休闲娱乐设施(如餐馆咖啡厅、酒吧、健身房)等。而实际项目一般可分为社区商业(零售)、专业市场(一般都是批发兼零售的市场)、购物中心(零售)和商业街(零售)。零售商铺的种类繁多,而且具有不同的特点。由于人们的购买习惯、对价格的要求或消费层次的不同,因而对于商铺物业的要求也不同。消费者的要求不同,使得商铺物业在开发过程的选址、规划、空间、建设设计及空间布局上呈现出不同的特色。

8.2.4　项目区位要求高

由于区位的好坏对能否吸引消费者显得很重要,所以开发零售商铺时对区位要求就很高。在区位影响因素中,繁华程度、交通状况或通达程度、基础设施和公用设施的完备程度、人口密度等对零售商铺市场的影响最为主要。

由于商业集聚中心区商品繁多,服务项目齐全,可供选择余地大,具有很大的吸引力,因而吸引顾客就多,也就意味着商家的收益多,利润高。通达程度的因素主要包括道路功能、道路宽度、道路网密度、公交便捷度和对外设施的分布状况,通达程度很好,吸引消费者来消费的概率也就更大。零售商铺与专业市场不同,专业市场注重产品的流通渠道和专业的集中度;零售商铺主要针对的是城市大众,方便市民购物、休闲、娱乐,所以零售商铺选址一般会在交通便利处,如市中心或商业氛围比较浓的地方。

零售商铺区位的本质是与商品消费者的接近性。由于流动中的消费者在不同的时间会处于不同的空间位置,同一消费者消费不同类别商品时的选择行为也不同,导致不同类别和等级的零售商铺的区位优劣条件不同,所以进行零售商铺项目区位条件评价时,必须结合该零售商铺经营的商品种类和等级进行分析。

8.2.5 营销模式多种多样

零售商铺营销模式多种多样,包括直接销售的模式、带租约转让模式、长期返租模式、短期返租模式四种模式。一般来说,商铺可出租、可经营,方式灵活,且面积小的商铺以销售为主,面积大的商铺以租赁为主。

8.2.6 招商对租售影响大

零售商铺与住宅物业的消费环节不同,住宅在销售完并被购买者装修好后即进入消费的终端,而零售商铺在销售完后,需要进入招商和经营环节,所以招商工作对零售商铺的租售工作影响很大。如果能引进品牌零售商,则该零售商铺就会人气大增,并能增强项目长久经营的稳定性,从而能够加快项目的销售进度。这正是开发商想尽一切办法把品牌零售商、主力店引入其项目的原因。

8.3 零售商铺市场细分

从零售商铺的概念可以看出,其范围极为宽泛,不对它进行恰当的分类,就无法深入进行相关研究,更不要说对零售商铺投资进行专业的剖析。

8.3.1 零售商铺的细分标准

1. 按商铺规模细分

按规模划分,零售商铺物业类型可以分为小型商场、中型商场、中大型商场、大型商场、超大型商场等。

2. 按商品类型细分

按经营的商品类型划分,零售商铺可以分为电器商店、服装店、食品店、眼镜店、书店、粮店、文具店、家具店、建材店等。

3. 按商圈大小细分

(1)市级商业中心零售商铺

市级商业中心零售商铺也称黄金地段商铺,位于经典的传统的商务区域。之所以称其为黄金地段,系源于其商业的经营价值是经过相当长的一段时期的检验和证明,而且其经营的业种业态一般以高品位百货店、特色百货店、专业店、专卖店、文化娱乐设施为主。这里繁荣繁华的文化底蕴,形成特色的都市商业氛围,不断吸引着众多的商铺投资者和商业经营者涌入其间。

(2)区域商业中心零售商铺

区域商业中心一般以服务本区域居民消费为主,兼有一定的集聚辐射功能,并结合各个区域的特点,以及商业发展的基础条件,分别突出购物、交易、餐饮、娱乐、文化、休闲、服务等功能,形成各自特色。

(3)郊区新城商业中心零售商铺

郊区新城商业,一般与新城建设的人口导入相配套,与城市规划相衔接,并坚持高起点、高标准,突出功能开发,形成商业可持续发展的空间。

(4)社区(居住区)零售商铺

社区(居住区)商业重点的区域是人口规模达到5万以上的居住区。社区(居住区)商业建设,通常依靠各方力量,吸引多元资本创新建设思路,以新型社区购物中心为主体,建设发展融合各种新型业态、各种服务功能的现代社区商业。

(5)郊区中心镇零售商铺

郊区中心镇零售商铺,要根据其产业主导型、交通枢纽型、旅游主导型、现代居住型等各自的特点,构建具有合理经营结构、业态结构和布局结构的网络,满足当地消费需求。

(6)专业街零售商铺

专业街是指同一系列的专业店、专卖店高度集聚,提供专门某类商品和专业服务的特色商业街。

4. 按经营方式细分

商业业态包括百货店、超级市场、大型综合超市、便利店、专业市场(主题商城)、专卖店、购物中心和仓储式商场等 8 种形式。

零售商铺的各种经营方式是在零售业的不断发展演化中形成的。1852 年法国首先出现了百货商店;1930 年美国出现了第一家超级市场;20 世纪 60 年代初出现了折扣商店;10 年后又出现了便利商店;近 30 年来又出现了仓储式商场购物中心专卖店等新的零售业态。同时,百货商店和超级市场也得到了长足的发展。

(1)百货店

百货店是指在一个大建筑物内,根据不同商品部门设销售区,开展进货、管理、运营,满足顾客对时尚商品多样化选择需求的零售业态。商品结构以经营男装、女装、儿童服装、服饰、衣料、家庭用品为主,种类齐全、少批量、高毛利。

(2)超级市场

超级市场是指采取自选销售方式,以销售生鲜食品、副食品和生活用品为主,满足顾客每日生活需求的零售业态。商品构成以购买频率高的商品为主。

(3)大型综合超市

大型综合超市是指采取自选销售方式,以销售大众化实用品为主,满足顾客一次性购物需求的零售业态。商品构成为衣、食、用品等,大型综合超市重视本企业的品牌开发。

(4)便利店(方便店)

便利店是以满足顾客便利性需求为主要目的的零售业态。商品结构以速成食品、饮料、小百货为主,有即时消费性、小容量、应急性等特点。

(5)购物中心

购物中心是指企业有计划地开发、拥有、管理运营的各类零售业态、服务设施的集合体。内部结构由百货店或超级市场作为核心店,与各类专业店、专卖店、快餐店等组合构成。

(6)仓储式商场

仓储式商场是指以经营生活资料为主的,储销一体、低价销售、提供有限服务的零售业态。目标顾客以中小零售商、餐饮店、集团购买和有交通工具的消费者为主。商品结构主要以食品(有部分生鲜商品)、家庭用品、体育用品、服装衣料、文具、家用电器、汽车用品、室内用品等为主。

8.3.2 各类零售商铺的特点

商业业态包括百货店、超级市场、大型综合超市、便利店、专卖店、购物中心和仓储式商场等几种形式。在生活当中,这种分类方式最为常见,以下论述的即是在此类分类标准下,每种零售商铺的房地产特点及其经营特点。

1. 零售商铺的房地产特点

每种零售商铺的房地产特点见表 8-2。

表 8-2　　　　　　　　　　　每种零售商铺的房地产特点

零售商铺类型	零售商铺产品特点		
	所处位置	规模	配套设施
百货店	在城市繁华区、交通要道	营业面积在5000平方米以上	无特殊要求
超级市场	在居民区、交通要道、商业区	商店营业面积在100平方米以上	配套餐饮
大型综合超市	在城乡接合部、住宅区、交通要道	商店营业面积在100平方米以上	配套餐饮、娱乐
便利店	在居民住宅区、主干道公路边,以及车站、医院、娱乐场所、机关、团体、企业事业所在地	商店营业面积在100平方米以下	无特殊要求
购物中心	选址为中心商业区或城乡接合部的交通要道	规模巨大,核心店的面积一般不超过购物中心面积的80%	配套餐饮、旅馆、文化娱乐、金融、图书报刊和邮电
仓储式商场	在城乡接合部、交通要道	一般为10000平方米左右	配套餐饮、旅馆、邮电

2. 各类零售商铺的商业经营特点

各类零售商铺的商业经营特点见表 8-3。

表 8-3　　　　　　　　　　　各类零售商铺的商业经营特点

零售商铺类型		经营特点
百货公司	全	商品品种齐全
大型购物中心	综	包括餐饮、休闲、娱乐、旅游等
大型超市和折扣店	廉	商品价格相对便宜
社区商铺	便	很方便
主题商铺	专	专门销售某一类商品
高档零售商铺	精	产品质量都好,或销售的基本都是品牌产品
特色商铺	特	销售的都是有特色的产品

8.4　零售商铺市场背景分析

8.4.1　零售商铺市场的经济背景分析

1. 宏观经济分析

宏观经济主要涉及以下几个方面:国内生产总值(消费、投资、进出口)、价格指数、流动性、利率及存贷款、PMI 指数、工业增加值、财政收入、经济景气指数等。零售商铺市场的宏观经济分析主要是对社会零售商品总额、消费者物价指数（CPI 指数）、经济景气指数进行分析。

社会零售商品总额是一定时期内国民经济各部门向消费者出售消费品和向农村出售农业生产资料以及农民对非农业居民直接零售的总额。它反映一定时期内人民物质文化生活水平的提高情况，反映社会商品购买力的实现程度以及零售市场的规模状况，由社会商品供给和有支付能力的商品需求的规模所决定，是研究人民生活水平、社会零售商品购买力、社会生产、货币流通和物价的发展变化趋势的重要资料。分析社会消费品销售总额的变化有利于投资零售商铺者作出正确的选择。例如，如果某一地区社会消费品零售总额大幅增长，表明消费品市场繁荣活跃，则有充足的商品供应市场。

消费者物价指数（Consumer Price Index,CPI）是反映与居民生活有关的产品及劳务价格统计出来的物价变动指标，是与人民生活密切相关的消费品价格参考指标。CPI 的计算公式：

$$CPI = \frac{一组固定商品按当期价格计算的价值}{一组固定商品按基期价格计算的价值} \times 100\% \tag{8-6}$$

CPI 告诉人们的是，对普通家庭的支出来说，购买具有代表性的一组商品，在今天要比过去某一时间多花费多少钱，通过这一数值也可以估计零售商铺市场的空间。

经济景气指数，是反映宏观经济总体情况的一个重要指标。分析宏观经济的景气指数，可以得知零售商铺所面临的经济环境。在经济不景气时期，零售市场消费需求在一定程度上被抑制。例如：在 2008 年受美国次贷危机影响，北京众多百货商场销售增速放缓，商家开店将更加谨慎，从而可能减少开支。

2. 地区经济分析

进行地区经济分析时，分析人员应立足该地区的发展现状，对以下内容进行详细的研究。

(1) 国民经济情况：指该地区经济增长率、人均收入城市发展潜力、产业结构情况。
(2) 城市相关指标情况：城市规模、城市交通、人口的规模、人口分布等。
(3) 居民消费情况：消费结构、消费习惯、消费水平、消费品零售总额。
(4) 居民收入情况：人均可支配收入、恩格尔系数。

这些因素对零售商铺市场的供给或需求产生影响，具体如下：

(1) 地区国民经济情况对零售商铺市场的影响

在国民经济情况中，地区经济增长率、人均收入和城市发展潜力对零售商铺市场起着正相关的作用。经济增长率是本年度国内生产总值比上一年国内生产总值增长的百分率。经济增长率较高时，商铺投资者的信心增强，使商铺市场发展具有良好的外部环境，同时将提高社会对商铺的需求，零售商铺市场一般会出现供销两旺、价格稳步上升的现象。如果经济发生衰退，导致居民失业、高利率、资金来源狭窄、消费者信心不足，消费价格指数下降，终端消费者对消费品就会减少，相应的，开发商和投资商对零售商铺需求与供给也会减少,供给和需求的不匹配会导致价格下降。

同样,排除通货膨胀因素后,人均收入增加时,社会对零售商品的购买力增强,导致对零售商铺的需求增加,从而使零售商铺市场因需求拉动而较快发展。反之,当人均收入水平下降时,社会总体投资水平呈现下降趋势,商铺投资量也会因此相应减少,从而导致商铺市场萎缩。

产业结构对一个城市的零售商铺市场也会产生影响,一般是第三产业发达的城市,其零售商铺市场较为活跃;在第三产业萧条的城市,其零售商铺市场的需求量较小。

(2)城市规模及人口情况对零售商铺市场的影响

城市规模的不同致使城市的消费区域趋于形式分散化或形态集中化。城市规模的增大使得消费者的购物距离增加,因此出现满足不同消费者购买需求的零售商铺业态形式,日常消费品的购买集中在近邻型商业和社区型商业,而耐用商品的购买集中在主力型商业和区域型商业,这样就使得城市的商业形式趋于分散化。当城市规模不大时,城市商业形式多为集中布置,城市的规模不足以支撑其他的商业形式,只存在区域性的商业中心,这时表现为商业形态的集中化。

人口数量对零售商铺也有很大影响,不同的人口规模会要求有不同的业态结构与之相适应,如在人口规模较小的时候,以便利店等小型商铺为主。随着人口规模的不断扩大,逐渐出现了综合超市、大型超市、娱乐场所、社区购物中心、百货和大型购物中心。

人口分布对零售商铺的影响,表现在人口分布影响零售商铺的规模类型,人口分布越集中的地方,越容易出现大规模的零售商铺。

(3)居民消费情况对零售商铺市场的影响

居民的消费结构与零售商铺的类型结构有密切的关系。例如,当居民的消费结构上升时,食品的消费比重逐步下降,而衣着、用品的消费比重逐步上升,从而经营食品的零售商铺比例下降,而对衣着和用品的零售商铺的需求会相对增加;同时,对经营低档商品的零售需求减少,而对经营中档、高档消费品和耐用消费品零售商铺的需求则增加。

消费习惯对零售商铺市场也有重要影响,如消费时习惯用的交通工具会影响商圈的大小。对居民消费习惯的研究,可以从区域选择习惯、商家选择习惯、各种消费的习惯距离、消费频率习惯和消费时间习惯等方面进行。

消费水平对零售商铺市场的影响非常直接,表现为消费水平越高,市场对零售商铺的需求量越大,对高档次的零售物业需求量越大。

(4)居民收入情况对零售商铺市场的影响

城市居民收入水平的高低会对购买力产生影响,收入水平变化与城市人均GDP的变化同步。因此,城市居民收入水平的变化可以用城市人均GDP的变化来衡量,从而体现城市居民的实际消费层次和对商业产业的需求情况。当人均收入水平逐渐提升的时候,不仅对商品的需求量更大,而且会导致消费结构也发生变化,从而对零售商铺的市场需求产生影响。

$$恩格尔系数(\%) = 食品支出总额/家庭或个人消费支出总额 \times 100\% \tag{8-7}$$

恩格尔定律主要表述食品支出占总消费支出的比例随收入变化而变化的趋势,揭示了居民收入和食品支出之间的相关关系,用食品支出占消费总支出的比例来说明经济发展、收入增加对生活消费的影响程度。一个国家、地区或家庭生活越贫困,恩格尔系数就越大;反之,生活越富裕,恩格尔系数就越小。观察一个地区的恩格尔系数就可以大概知道应该定位和选择哪种类型的零售商铺。

8.4.2 零售商铺市场的政策背景分析

对零售商铺的开发需要巨额的投资,投资者对土地政策、金融、税收、产业政策及相关零售等政策的动态对零售商铺的影响往往特别关注,所以对零售商铺市场的分析需要分析其政策背景,具体要分析的政策有以下内容。

1. 土地政策

土地政策对零售商铺市场的影响主要包括两个方面:①通过土地价格影响零售商铺市场。土地价格是零售商铺开发的主要成本,土地价格的变化会引起企业的投资规模的变化。②通过土地供应量影响零售商铺市场,因为商业用地土地供应量决定开发企业可开发的土地量,从而影响市场的供给,最终影响零售商铺的价格。

在零售商铺市场的土地政策背景分析中,主要需要关注的是土地的价格政策、供给量政策及供应结构政策,它们主要是通过影响零售商铺市场的供给来影响零售商铺市场。

2. 金融政策

金融政策主要包括银行贷款利率、金融机构存款基准利率、信用规模和利率。若商业性房地产信贷管理严格,将增大零售商铺投资的购买及持有成本,从而在有效抑制投资行为的同时,也造成一批投资零售商铺的企业因门槛提高而放弃投资的行为,从而影响零售商铺的市场需求量。同时,零售商铺市场运作需要大规模资金的支持,仅靠零售商铺市场主体有限的自有资金远远不够,所以金融政策也影响零售商铺市场的供给。

3. 产业政策

产业政策是政府为了实现一定的经济和社会目标而对产业的形成和发展进行干预的各种政策的总和,包括规划、引导、促进、调整、保护、扶持、限制等方面。产业政策主要有产业组织政策、产业结构政策、产业技术政策和产业布局政策,以及其他对产业发展有重大影响的政策和法规。为促进第三产业的快速发展,国家往往给予优惠政策,这些都影响着零售商铺市场。国家对不同地区或不同产业类型的扶持政策会间接影响零售商铺市场的发展。扶持政策将有利于吸引投资、产业的聚集,间接加大零售商铺的内部需求。

8.4.3 零售商铺市场的规划背景分析

零售商铺市场的发展受到规划的影响,如城市规划(商业网点规划、基础设施建设规划、区域规划、近期建设规划)、国民经济发展规划等。城市规划中的商业网点规划关系到零售商铺的建设；交通基础设施的规划关系到商品运入和运出；区域规划关系到一个区域的布局问题；近期建设规划可以了解到项目选择的准确性。如何找到这种富有吸引力的地段，尤其是在尚未显现之时就发现它或者感觉到它，除了具有商业市场判断力外，还要凭借对于城市总体规划和详细规划的了解。

零售商铺项目开发经常会对规划当中的建筑容积率、总建筑面积、地上建筑面积、建筑密度、规划建设用地面积、建筑高度、绿化率、停车位个数、有效面积系数等指标评价，因为其关系到设计方案的经济性和合理性，所以投资者要密切关注规划。

城市规划对道路交通、相关配套和大型公建等的规划对零售商铺的需求有很大的影响。城市的规划可以让零售商铺物业更具有竞争力，吸引更多的消费者前来消费城市发展。城市规划是影响商铺地段价值的重要因素，一个本来位置较偏的商铺可以因为地处地铁出口而价值倍增，一个位于商业旺区的商铺也可能因为新修的立交桥而败落。因此，多关注城市规划，对降低零售商铺的投资风险、提升升值空间大有裨益。

城市规划者在零售商铺项目的定位、规模和立项上的调控，同样也影响着投资者的决策。城市零售商铺的规划与设计受到城市总体规划的制约，该地区的交通、市政、公共设施、近期及远期规划都会对零售商圈产生影响。在分析零售商铺商圈时，既要结合现时的情况，也要结合城市规划对未来商铺的影响进行评估，这是因为一些现在看好的零售商铺物业所在地，随着城市建设的发展可能会由"热"变"冷"，而一些以往不引人注目的地段，也可能在不久的将来会变成繁华闹市。

8.5 零售商铺市场需求分析

对零售商铺的市场需求进行分析，要了解零售商铺需求的影响因素、调查消费者的现实和潜在需求，分析消费者的消费动机、消费水平、行为习惯及偏好，以便对其消费的倾向和变化趋势作出合理的预测。

8.5.1 零售商铺需求的影响因素

1. 零售商铺的总需求影响因素

对于一个城市的零售商铺的总需求来说，影响它的因素主要有：国民经济发展水平、居民的收入水平、城市的人口数量、城市居民的生活态度、消费者对未来的预期和国家的相关政策。

因为零售商铺的需求量最终是由终端消费者对商品的消费能力决定的，所以影响零售商铺需求的重要因素可以归结为人口和社会有效购买力，即收入水平，但是也不能忽略城市居民的生活态度、地区经济发展等的影响。

(1)人口状况

对人口状况的分析可以从一些统计数据着手,主要包括人口数量、构成家庭规模与类型、职业情况、婚姻状况、流动人口状况以及人口的增长趋势。

通常零售商铺集中在人口较为集中的城市或城市的某些区域。在人口聚集的区域,购买力相对集中,在其他条件相同的情况下,便利性较高,可达性较好,易于满足人们日常的消费需求。另外,维持一定的零售商铺本身的存在,需要有合适的利润空间,当人口较少或较为分散时,市场容量不足以"养活"一定面积的零售商铺用房。

(2)购买力水平

零售商铺的有效需求与人口(消费者数量)和收入水平有关。我们可以用数学等式来衡量购买力水平:

$$购买力水平＝收入水平×消费者数量(或购买力水平＝户均收入×住户数量) \quad (8\text{-}8)$$

随着购买力的增加对零售商铺商品的需求增加,结果对零售商铺物业的需求也会增加。

(3)地区经济水平

当一个地区的经济发展水平较高时,由于人们的收入水平高,对各类商品的消费量也高,从而引致对零售商铺的需求大。反之,则对零售商铺的需求量小。

(4)城市居民的生活态度

城市居民的生活态度也在一定程度上影响了零售商铺的需求量。比如,成都是著名的休闲之都,居民用于休闲娱乐和购物的时间较多,与此相适应,提供这些服务的场所也就相应偏多,零售商铺地产需求旺盛。而在一些城市,商业氛围不是特别浓厚,商业地产的供给和需求都不是很旺盛。

2. 零售商铺项目需求的影响因素

对于一个零售商铺项目来说,影响其需求的因素有:项目的品质、零售商铺的价格、项目的营销方式等三个方面。

(1)项目的品质

项目的品质包括项目的实物、权益和区位三个方面。项目的实物主要指商铺在建筑上的品质,如规模、档次、形象、布局空间、装修、设施设备、停车场的大小和建筑物内部的交通条件等形成的建筑内部的购物环境。项目的区位指项目所处区域或地段的商业氛围或繁华程度、客户到达商铺的可及性与便利度、人员和货物进出的方便程度、项目商圈范围内的人气情况,包括人口的数量和购买能力等。项目的权益指项目的产权情况、经营管理、公司的品牌、客户组合情况,如是否有品牌零售商做主力店。通常上述因素都对零售商铺的需求产生影响。例如,交通状况决定了商铺的易达性。所谓易达性,就是指消费者接近物业的容易程度,这一因素会影响零售商铺的需求量。例如,现在由于交通阻塞,有些道路由双向行驶改为单向行驶,交通的这一变化,降低了零售商铺的易达性,经营零售商铺的投资者的利润率会下降,进而会减少对此类物业的投资需求。

(2)零售商铺的价格

就零售商铺价格来说,通常以商铺租金形式体现。由需求法则可以得出,一般说来,商品需求量与价格呈反方向变动。在其他条件不变的情况下,租金增加后,商业地产的需求量就会减少。但商业地产也有其特殊情况。当商圈成熟、商业服务繁华度被培育起来后,租金价格在一定幅度内的上涨,并不能阻止商家的进驻,从而对零售商铺的需求量并未减少。

(3)项目的营销方式

对零售商铺的需求,归根到底是来自人口、来自消费者的需求,但是消费者的需求往往不是一成不变的。消费者潜力通常会通过零售商铺营销方式而挖掘出来,现有的消费需求会随着商家改变传统的营销方式而增加,或也会因为新营销方式或新的商业网点的出现而转移。

8.5.2 零售商铺需求潜力分析

1. 需求潜力分析总体思路

零售商铺的需求潜力,是指未被满足的零售空间面积,它等于市场上所需要的零售商铺面积与已有的零售商铺面积之差。因此,估算零售商铺需求潜力的总体思路为:

$$\text{零售商铺需求潜力} = \text{市场上所需要的零售商铺面积} - \text{已有的零售商铺面积} \quad (8\text{-}9)$$

市场上所需要的零售商铺面积,是指在未来某个时间(一般为零售商铺项目的租售时间),市场所需要的用于零售商品销售、陈列的物业建筑面积。市场上所需要的零售商铺面积是按消费者未来的购买力来确定的,在实际工作中,当不考虑现有零售商铺的扩张能力时,可以用消费者现有购买力来确定这个数据。

市场已有的零售商铺面积的内涵在不同的情况下有所不同。对于某个商圈来说,它指现有建成的零售商铺面积(包括已在营业的零售商铺面积)及其扩张能力之和;对于某个零售商铺项目的市场分析来说,它指目标项目的竞争性零售商铺面积之和,它包括目标项目租售之前所有已租售的零售商铺面积(包括在用面积、在建面积、拟建面积)。

市场已有的零售商铺面积的分析属于供给分析的内容,并将在本章的下一节探讨,所以零售商铺需求潜力分析的思路主要指分析市场上所需要的零售商铺面积的思路。市场上所需要的零售商铺面积由消费者的总购买力和单位面积的销售额决定,用公式表达为:

$$\text{市场上所需要的零售商铺面积} = \text{消费者的总购买力} / \text{单位面积的销售额} \quad (8\text{-}10)$$

2. 商圈内消费者总购买力分析

单位面积的销售额可以通过调查现有商铺得到,困难的工作在于估计消费者的总购买力。估计消费者总购买力的思路是:

$$总购买力 = 户均收入 \times 总户数 \tag{8-11}$$

利用相关资料计算户均收入时,要注意商圈内人群收入的差异程度,当分析的商圈内存在一部分收入非常高的住户时,该商圈户均收入会高于住户收入的中位值,但这部分高收入人群并不主要在当地购物,从而使利用上述公式中计算出来的实际总购买力高于有效的总购买力;同样,当商圈内存在一部分收入特别低的人群时,户均收入会低于住户收入的中位值,但低收入者在零售商品中支出的收入比例高于一般收入的人群,从而导致估算出来的实际总购买力低于有效的总购买力。

运用上述方法也可以估算某个收入人群的购买力,即

$$某收入段人群的总购买力 = 该收入段人群的户均收入 \times 该收入段的住户数 \tag{8-12}$$

3. 商圈内零售商品销售潜力分析

消费者购买力分析得出的结果是消费者有多少收入用来购买零售商品,它其实就是分析区域内所有消费者的总收入,但消费者不可能把所有收入都用于购买零售商品,而只是支出收入中的某一比例,所以为了估计零售商铺的需求量,必须在购买力分析的基础上,分析出商品的销售潜力,即向消费者销售零售商品的最大金额是多少,具体的方法是:

$$零售商品销售潜力 = 消费者总购买力 \times 消费者在零售商品上支出的比例 \tag{8-13}$$

但是,找一个综合的消费者在零售商品上的支出比例很困难,因为消费者在不同商品上的支出比例并不相同,而且不同的收入人群在同一商品上的支出比例也不相同,所以估算商品销售潜力的实务且科学的方法为:

$$零售商品销售潜力 = \sum_{j=1}^{m} \sum_{i=1}^{n} 第 j 类收入人群的总购买力 \times 第 i 类商品上支出比例 \tag{8-14}$$

式中:m——商圈内收入的分组数;

n——商圈内商品的类别数。

4. 商圈内未满足零售商品销售潜力分析

上述估算的是某个商圈内所有的销售潜力,但是其中有些销售潜力已经被现有零售商铺满足,对于零售商铺的开发来说,有意义的是未被满足零售商品销售潜力,所以为了估算目标项目的需求潜力,还必须先估算商圈内未满足的零售商品销售潜力,具体的方法为:

$$所在商圈未满足零售商品销售潜力 = 所在商圈零售商品销售潜力 - 已满足的零售商品销售潜力 \tag{8-15}$$

已满足的零售商品销售潜力可以通过调查目标项目的竞争性物业得到,目标项目的竞争性不仅包括其所在商圈内销售同类现成物业,也包括其商圈周边销售同类商品且与所在商圈的同类商铺有竞争的物业。

必须指出的是,这里的未满足零售商品销售潜力分析和上述的零售商品销售潜力分析中的"零售商品"均指与目标项目同类的商品,否则分析将失去重要的意义。

5. 目标项目未满足零售商品销售潜力分析

上述估算出的商圈内未满足零售商品销售潜力给了目标项目成功的希望,但必须明白的是,这些潜力一般不会全部归属于目标项目,因为商圈内外还有在建、拟建的竞争性零售商铺,目标项目一般只能从中分得一部分份额,份额的多少取决于目标项目竞争能力,因此估算目标项目未满足零售商品销售潜力的方法为:

$$目标项目未满足零售商品销售潜力 = 所在商圈未满足零售商品销售潜力 \times 目标项目的市场占有率 \quad (8-16)$$

目标项目的市场占有率通过调查目标项目和竞争物业的特性并进行评价、比较确定,具体方法为打分法。

6. 目标项目商铺需求潜力分析

目标项目商铺的需求潜力可以采用下述公式计算得到:

$$目标项目商铺需求潜力 = \frac{目标项目未满足零售商品销售潜力}{单位面积的销售额} \quad (8-17)$$

当然,在同样的销售额下,各类商品需要的营业面积并不相同,所以更为精确地估算目标项目商铺需求潜力的方法为:先估算目标项目各类商品未满足的销售潜力,然后除以相应的单位面积销售额得到各类未满足商品需求所需要的商铺面积,最后加总即得到目标项目商铺的需求、潜力,用公式表示为:

$$目标项目商铺需求潜力 = \frac{\sum_{i=1}^{n} 目标项目第 i 类商品未满足的销售潜力}{第 i 类商品单位面积的销售额} \quad (8-18)$$

7. 必须指出的问题

(1)当通过分析,所在商圈没有未满足的零售商品销售潜力时,并不表明目标项目就没有市场机会。因为可以通过市场分析,找到商圈内同类零售商铺的不足和缺陷,从而目标项目仍然具有从现成物业中争夺市场份额的机会。

(2)零售商铺市场需求潜力分析,不是只能分析目标项目拟定销售类别下的空间需求潜力,也可以用它来确定目标项目用来销售什么类别的商品好,即为目标项目找到市场机会或进行市场定位服务。

8.5.3 零售商铺需求偏好分析

消费者的偏好直接影响消费者对目标物业及其竞争物业选择,分析人员要努力分析各类商铺需求者的偏好。

(1)要分析不同需求目的消费者的偏好。零售商铺可以分为自用型、投资型、投机型这三种类型。这三种类型的需求者对零售商铺的需求偏好具有共同点,如对地理位置、交通状况、城市规划、人口规模、市政配套设施、零售商铺本身的质量和舒适性等要求。但自用者、投资者和投机者对零售商铺的需求偏好又有区别。自用型需求者需求偏好具有以下特点:他们重视零售商铺价格和建筑质量,对零售商铺周围环境要求较高,关注承建建筑公司信誉、周边文化教育设施配套、朝向和通风等因素。投资型需求者主要看升值潜力,同时会关注租户的信誉、租金水平、租期以及经济状况的稳定性、安全保障措施、停车场、商铺本身的面积和功能组合等。投机型需求者则偏向看好政策环境和经济环境,觉得有利可图,但是限于政府宏观政策打压的影响,纯粹投机性需求很少。

(2)要分析具有不同生活习惯及思维方式需求者的偏好,因为不同商家对选址、承租能力和承租面积及商场配套的要求都有区别。

商铺的需求偏好分析一般采用市场调查法。

8.6 零售商铺市场供给分析

8.6.1 零售商铺供给的影响因素

零售商铺供给是指零售商铺开发商或者零售商铺持有者在某一特定时期内,在一定价格水平上愿意并且能够租售的零售商铺商品的数量,也称为零售商铺的有效供给。供给就某一时点来说,有已经建成投入市场的现实供给量(存量),也有正在建设或即将建设的潜在供给量(增量)。

零售商铺供给的影响因素,从短期来说是零售商铺的价格和销售情况、当地政府在零售商铺用地上的土地供应政策及土地价格、开发商对当地零售商铺市场目前供需对比状况的判断或分析、开发商对零售商铺市场未来的预期;从近期和中期来说,主要是所在城市的商业网点规划,包括所在城市的商业定位及发展目标、各级商业中心的规划、各类商铺(如商业街、农贸市场等)的规划、大中型商业网点规划;从中长期及长期来说,主要是城市的功能定位、经济发展水平、人口规模和产业结构。

8.6.2 零售商铺市场供给量分析

1. 分析的方法

零售商铺的供给分析包括对存量供给和增量供给进行供给分析,不仅要分析存量的供给量,还要分析增量(潜在)的供给量。

(1)存量供给的分析方法

零售商铺存量即现有供给的分析方法主要采用的是现场调查法。在实践中,主要是通过现场踩点调查和报刊文献收集相关资料,再结合定性分析方法,例如,专家意见法、销售人员意见法、深度访谈法对零售商铺进行综合评价,对零售商铺的商圈、人口规模、收入水平、周边环境及配套进行评判,然后制表,逐一进行汇总,比较分析得出相应的供给量和供给量结构。根据其不同零售商铺的类型的房地产产品特点、营销特点和销售情况,可以分析得出市场需求情况及需求旺盛的区域,从而有助于项目定位。通过对区域实际资料的分析,对其区位特性进行评价,从而发现某些市场空缺并确定自己的竞争特色,以确定项目的最佳定位。

(2)增量(潜在)供给的分析方法

增量供给具体来讲主要包括以下内容:正在办理相关手续的项目、已经开工、在建、已竣工但未交付使用的建筑数量和已完成好"七通一平"或已成片开发的建筑用地数量等。

零售商铺增量供给分析内容主要包括营业面积、建筑面积等。

增量供给分析方法主要有管道分析法和资料估算法。

①管道分析法

管道分析法主要依据的是政府审批房地产项目开发的程序和审批过程中形成的各种数据,它把竣工建筑的增量供给比作在管道中的流动,流出管道的是完工的住宅,而土地开发和建设则是管道的投入项目,管道的最初两个投入项除了供开发的土地外,还有开发商在该土地上进行建设所需的各种授权和许可。所以,这种方法要求首先搜集项目所在地政府的审批资料。

②资料估算法

当政府审批过程的数据无法获得时,可以运用土地供给量的资料进行估算,这是资料估算法的依据。潜在土地供给量的来源主要有新建城区的土地供给量、旧城区改造获得的土地量、其他改变用途可供开发的土地量,这三者之和就是潜在供给量。根据计算出项目预测期内的潜在供给量,乘以零售商铺用地的百分比,再乘以平均容积率就可以得到预测期内潜在供给量了。

2. 分析的内容

供给量分析包括以下内容:

(1)确定商圈内竞争性商铺物业的数量及其营业面积。

(2)确定计划期和在建项目的营业面积。

(3)确定潜在的扩建面积,即现在商业网点可能在原有基础上进行的扩建。

分析者还要在商圈内及附近周边地区做些调查,了解商圈内和附近可用的空地及其规划情况,特别是了解那些规划用作商业的面积。同时分析者还要核对一下是否有更新改造及扩建的项目。在此基础上才可以准确估计商圈内还需要多少零售空间。零售商铺供给分析主要是对项目所在地的商品供给结构进行分析。

8.7 零售商铺市场的竞争性分析

零售商铺市场研究中的竞争性分析分为两个层次：直接层次就是商铺本身的竞争，即商铺的投资者之间为争夺租户的竞争；间接层次就是经营商品和劳务的经营者之间的竞争，即经营者争夺一般消费者或顾客的竞争。

8.7.1 零售商铺产品构成要素分析

要全面地认识一个零售商铺，并且能够从竞争的角度分析目标项目和竞争者，必须了解零售商铺的产品构成要素。零售商铺的构成要素纷繁复杂，有有形的方面，也有无形的方面；有内部的构成要素，也有外部的构成要素，但概括起来，零售商铺产品的构成要素可以分为三个方面，即实物、权益和区位，它们具体又可以分为很多子要素，具体见表8-4。

表8-4　　　　　　　　　　零售商铺产品构成要素

构成要素	具体内容
实物 （内部有形构成要素）	A. 用途构成：营业区域、仓储区域、办公区域、设施区域、配套场地区域 B. 实体构成：主体结构、电梯、设施设备、装饰装修 C. 建筑设计构成：建筑风格、建筑式样、出入口状况 D. 购物配套设施构成：零售商铺内的服务设施、停车场、绿地 E. 面积构成：总建筑面积、总土地面积、营业面积及其他各种用途面积
权益 （无形构成要素）	A. 产权与规划限制：土地使用权性质与剩余年限、容积率、红线后退要求、防火要求 B. 物业管理 C. 招商能力与政策 D. 营销权益：付款方式、售后服务、商品组合、投资回报承诺 E. 购物环境 F. 内部交通 G. 客户组合：如是否有主力店或品牌零售商 H. 商品组合及质量：包括商品的种类数量、商品陈列状况
区位 （外部有形构成要素）	A. 周边居住环境 B. 规划：对商业整体规划、商业布局、商业功能及业态分布、商业网点的格局、商业未来规划、主要商业项目规模及业态状况等进行调研与分析 C. 配套设施（如行政中心、教育、银行等） D. 商铺周边的街道系统，即商铺处于街道的具体位置，顾客如何到达本商铺，是否便利等 E. 商铺周边的交通系统，即商铺周边有无方便的交通线路，如公交线地铁、轻轨，是否处于交通枢纽区等

在表 8-4 中,营业区域指用于陈列、展示商品的区域和提供付款与其他经营服务的场地;仓储区域指用于接收、储存和加工还未摆放在营业区域的商品的场地;办公区域指用于维持零售商铺正常运转所需的财务管理、行政管理、人事管理、经营管理等管理工作的办公场地;设施区域指为建筑物供冷、供热、供气、供电、供水与排水及废物处理所需的场所;配套场地区域指停车场、绿地、地面景观和其他场地。

8.7.2 零售商铺市场竞争分析内容

零售商铺产品竞争分析的内容主要包括竞争项目研究和所在商圈研究。

1. 竞争项目研究

竞争对手包括与目标零售商铺在同一商圈,以及坐落在该商圈之外但临近目标零售商铺的相似零售商铺,这些零售商铺有自身的商圈,但与目标零售商铺商圈有重叠。

分析人员搜集每个竞争对手的信息,包括以下几点:

(1)竞争项目企业状况:包括资金实力、性质、优劣势等。

(2)竞争项目产品情况:具体见表 8-4。

表 8-4 竞争项目产品情况

在售项目	即将上市项目
品牌	开发商品牌
项目名称	项目名称
在售量(平方米)	规划建筑面积(万平方米)
待售量(平方米)	容积率
产品	产品预计
主力户型	户均面积(平方米)
销售速度(平方米/月)	
销售均价(元/平方米)	

(3)竞争项目营销情况:包括销售额水平、市场份额、运营特征、主要客户、辐射范围、租售价格、招商率等。

研究竞争项目要进行调查,调查内容具体见表 8-5。

对现有竞争对手分析,分析人员要注意商圈范围内供不应求的零售类活动。例如,调查发现可能一些婴儿饰品零售店在该目标零售商铺商圈之外,那么就可以建议将专卖婴儿饰品的商店进入商圈来弥补存在的"市场缺口"。所以,在进行竞争对手分析时内容的丰富程度也很重要。

2. 所在商圈研究

对目标项目所在商圈的研究包括以下内容:

表 8-5　　　　　　　　　　零售商铺竞争楼盘调查表

编号：　　　　　调查时间：　　　　　调查人：　　　　　填表人：

物业概况			
1.名称		2.投资组合	
3.物业位置		4.开发商	
5.项目规模			
6.项目现状			
7.项目特色			
8.交通线路			

销售情况								
面积 (平方米)	总价 (万元)	均价 (元/平方米)	最高价 (元/平方米)	最低价 (元/平方米)	管理费 (元/平方米)	实用率 (％)	租售率 (％)	

返租： 租：	租： 售：	回报率：
项目配套		装修情况
经营类别	专卖店,百货店,超市,购物中心 商业街,便利店,商场 商家进驻情况:(KFC、沃尔玛、苏宁等)	

推广途径				
租售形式及情况				
日报	网络	电视/广告	车身广告	派发单张　　相关活动

项目评价		
内部	优势分析	劣势分析

(1)商圈的人口状况:总人口、人口性质、人口分布、人口的年龄构成、人口的文化构成、人口的宗教信仰等。

(2)商圈的经济状况:GDP 指数、产业结构、恩格尔系数、居民收入等。

(3)商圈的交通条件:道路通达度、公交便利度、与主要交通设施的距离等。

(4)商圈的流量情况:客流量、停留时间、对不同类别的需求(吃、喝、玩、乐)等。
(5)商圈的消费情况:消费类别、消费结构、消费习惯、消费水平、消费时间等。
(6)商圈的辐射范围:一级商圈范围、次级商圈辐射范围等。

在这里进行的商圈研究,可以参考本章第一节商圈的划定内容。

通过对以上提供的信息进行研究,分析人员利用以下介绍的方法来比较目标零售商铺与竞争对手的优点和缺点,从而建议其应发挥哪些优势,同时应规避哪些劣势。

8.7.3 零售商铺产品竞争分析方法

1. 打分法

打分法一般采用权重打分法,包括十分制或百分制两种打分方法。权重分析法首先是列出项目影响因素,分析并确定各个因素的权重,根据实际现状给比较项目打分,各个项目最后得分就是各个因素得分值乘以相应的权重之和,得分越高说明竞争力越强。

2. SWOT 方法

采用 SWOT 分析可以识别项目在竞争环境中的位置。这种方法可用于识别企业和竞争对手的优势(Strength)、劣势(Weakness)、机会(Opportunity)和威胁(Threat),找出影响成功的关键因素,提供可选择的战略。其中,优势和劣势是对企业内部能力的总结和评价,而机会和威胁则是对企业外部竞争环境的综合和概括。做 SWOT 分析,要有针对性地作出分析,抓主要问题,不能泛泛而谈,具体见表 8-6。

表 8-6　　　　　　　　　　　SWOT 分析

内部能力 \ 外部因素	项目发展优势——S	项目发展劣势——W
	1. 地段好 2. 交通便利 3. 配套完善 4. 发展商资金雄厚 5. 消费人流量多 6. 商圈范围广 7. 建设规划和设计优 8. 零售商、投资商有品牌效应	1. 地段不佳 2. 交通不畅 3. 配套欠缺 4. 发展商资金紧缺 5. 消费人流量少 6. 商圈范围狭窄 7. 建设规划和设计比较差
项目发展机会——O 1. 区域特定功能物业稀缺 2. 总体环境良好 3. 对周边区域同质项目有比较优势 4. 政策的支持(如税收、土地、金融等) 5. 城市规划利好(地铁、中央商务区) 6. 社区发展有潜力	SO 战略 利用机会,发挥优势	WO 战略 利用机会,克服弱点

（续表）

内部能力 \ 外部因素	项目发展优势——S 1.地段好 2.交通便利 3.配套完善 4.发展商资金雄厚 5.消费人流量多 6.商圈范围广 7.建设规划和设计优 8.零售商、投资商有品牌效应	项目发展劣势——W 1.地段不佳 2.交通不畅 3.配套欠缺 4.发展商资金紧缺 5.消费人流量少 6.商圈范围狭窄 7.建设规划和设计比较差
项目发展威胁——T 1.供过于求 2.市场环境不佳 3.与竞争对手相比劣势 4.不利的政策出台 5.社区发展停滞不前 6.社会状况不稳定,出现动荡或灾难	ST 战略 利用优势,回避威胁	WT 战略 减小弱点,回避威胁

思考题

1. 阐述零售商铺商圈大小的影响因素。
2. 阐述零售商铺的市场特征。
3. 如何对零售商铺市场进行细分？
4. 阐述影响零售商铺市场需求的因素。
5. 阐述影响零售商铺市场供给的因素。

第 9 章

批发商铺市场分析

学习要点

本章对批发商铺市场分析进行了理论阐述与实践问题探讨,在对批发商圈划分进行界定的前提下,首先阐述批发商铺的市场特征及类型。其次对批发商铺市场背景进行分析,其中包括经济背景、政策背景和规划背景的具体分析。最后在理论上分析批发商铺市场的需求、供给特征。通过本章学习,学生能够掌握批发商铺市场分析的概念、特征及类型,能够对批发商铺市场进行背景分析,掌握零售商业物业市场分析的需求和供给特征。

批发商铺市场的分析与住宅写字楼及零售商铺有所不同。从市场特征看,批发商铺的市场是属于寡头垄断市场的范畴,因此对其进行房地产市场分析时,应该着重分析批发房地产市场的需求数量。由于专业性产品的经营商主要是批发商铺的消费者,批发商铺市场的数量、地点、功能、质量主要都是由这些经营商的需求来决定的,而他们的需求最终还是由消费他们所提供的商品的需求决定的。因此,对批发商铺市场的分析包括:①界定客流的来源,也就是划定商圈的范围;②根据经营者本身的经营能力以及区域的发展程度,来确定它的市场辐射范围;③测算单位面积房地产所能达到的销售额,以此推断商品的需求量,从而确定批发商铺市场的需求量。

9.1 批发商铺概述

9.1.1 商　圈

批发商铺的商圈(Business District)是指一个批发地产项目所提供的商业、贸易或者商铺贸易服务的范围,也可以说成是一个批发地产项目的消费者所来自的区域,或者是一个批发地产项目吸引消费者的有效空间范围。商圈分析是经营者对商圈的构成情况、特点、范围以及影响商圈规模变化的因素进行实地调查和分析,为选择项目的地址、制定和调整经营方针及策略提供依据。

1. 商圈的划分

任何一个批发商铺地产项目都有其商圈范围,不同类型的批发地产项目,其商圈范围截然不同。理想的商圈是规则的同心圆,但实际上它是由不同规则的图形组合的,与行政区划没有关系。通常,商圈可分为三个层次:核心商圈(主要商圈)、次级商圈(次要商圈)、边际商圈(边缘商圈)。有的市场调查机构也将商圈再细分为:第一商圈、第二商圈、第三商圈、第四商圈。核心商圈占 50％～70％ 的人流量;次级商圈占 15％～20％ 的人流量;边际商圈占 10％ 左右的人流量。

2. 商圈界定的方法

在实际生活中,主要可以通过以下两种方法来确定商圈的范围。

(1)参照法

参照法即以某一类似的市场或区域已有商铺的商圈规模大小作为参照来确定。因为商铺所在地区的实际情况不同,所以这种方法在使用上则需根据参照市场或地区商铺在经营规模、经营特色上的不同,以及居民人口分布、城市建设、交通设施状况、商业布局等方面的差异,进行合理的修正,以取得较为准确的商圈饱和指数数值。

(2)调查法

调查法即通过填写问卷调查的方式,收集在所定商圈范围上最远的而且愿意到预定地址购物的消费者的信息,以确定商圈。该问卷调查的内容主要包括:消费者的住址、来店频率(次/周或次/月)等信息。根据收回的调查信息进行统计,将所收集的最远的消费者的住址在地图上画线连接起来,这样商圈的范围就自然展现出来了。

3. 批发商铺商圈大小的因素

(1)交通地理条件

交通地理条件优劣是影响批发商铺商圈规模的一个主要因素。位于交通便利地区的批发商铺的地产项目,商圈规模会因此扩大,反之则限制了商圈范围的延伸。自然和人为的地理障碍,如山脉、河流、铁路及高速公路会无情地截断商圈的界线,成为商圈规模扩大的巨大障碍。

(2)批发商铺间的距离

相互竞争的批发商铺之间的距离越大,它们各自的商圈也越大。但是,有时相互竞争的批发商铺毗邻而设,顾客因有较多的选择而被吸引过去,则商圈范围也可能会因竞争而扩大。

(3)批发商铺的商品经营种类

经营传统商品、日用品的批发商铺地产的商圈较大;经营技术性强的商品、特殊性(专业)商品的商圈较小。

(4)批发商铺的规模

批发商铺经营的产品种类的多少,以及经营产品的专业化程度决定了批发商铺的经营规模。经营范围越广,规模也就越大,其吸引顾客的空间范围就越大。

(5)竞争对手的数量

从经济方面看,商圈的大小还取决于商圈内竞争对手的数量,如果竞争对手较多,某个商业中心或批发中心的服务半径就会缩短,甚至无法立足。

(6)顾客的流动性

随着顾客流动性的增长,光顾批发商铺的顾客来源会更广泛,边际商圈因此而扩大,该批发商铺房地产项目的整个商圈规模也就会扩大。

另外,商圈的大小还取决于该批发中心的产品组合和产品线是否有竞争力。

9.1.2 批发商铺市场特征

1. 商铺规模与经营商品的类型无关

批发商铺的规模主要和所处地域的市场支撑能力、投资商的实力及市场经营的方式有关。不同实力的投资商即使在同一个地区,投资建设同样类型的专业市场,规模也会差别很大。

2. 商业圈大于其所在的城市或区域

一般来说,对于批发商铺市场,其辐射范围比较广。除了本区域的客流之外,其供需圈范围延伸到其他的区域,远远超过批发房地产本身所在的区域或城市,甚至辐射全球。特别重要的是,经营商本身的经营能力对其辐射的范围有很大的影响。运营得比较好则会对其他的区域形成影响,扩大其声誉,增加客流量。

3. 在经营上竞争和聚集效应并存

由于批发商铺专指那些以经营某一特定品类产品或者是多种产品的经营场所,把松散的经营单位、多样的消费需求形态,统一到同种类产品经营主题和信息平台上。一类产品往往都有许多商家,特定品类产品的经营商聚集在一个批发市场,因此他们相互之间存在着竞争和聚集效应。比如,各个商家之间的铺位的竞争,产品同质化的促销手段的竞争等。此外,正因为各种商家聚集在一起,专业化、信息化程度都比较高,不同种类的专业市场群需要在空间上集聚,因而形成巨大的聚集效应。专业批发市场的最大优势就是它的聚集效应。

4. 出售或出租后需要统一经营管理

批发商铺的投资形式有采取商铺出租的，也有采取商铺出售的。然而，在出租后或者出售后都需要进行统一经营管理。这种方式可以是自行统一经营管理，也可以是业主委托统一经营管理。比如，一些专营家居建材用品的专业市场，这类专业市场基本上都是由经营商统一经营管理；北京某办公用品批发市场，属于批发类专业市场，经营商采取出租经营的方式；一些家居广场也属于专业市场，开发商就采取商铺出售，经营商接受业主委托统一经营管理的方式。

9.1.3 批发商铺的类型

对于批发商铺房地产市场的分类，我国还没有一个规范的标准，不同地区、不同城市可能有不同的分类方法。按照不同的划分标准，批发商铺可以划分下列几种类型。

1. 按所在地市场特点划分

（1）产地型批发商铺

产地型批发商铺是指某个地区在某个时期，利用其在某一产业生产、加工等方面的资源优势，生产种类多、款式新的产品所形成的产销一体化的批发商铺。产地型市场的主要特点是商品主要是由本地生产，但主要销往外地。此外，产地型市场本身也有两种形式：固定场地市场和路边市场两种。其中，固定场地市场又可以细分为两类：①生产规模较大、在周边影响较大，建设的规范性产地批发商铺。②有一定生产规模，也有固定经营场地，但难以持久即有产则有市，无产则无市的产地型批发商铺，它一般没有任何设施。而路边市场是产地的最常见形式，它的方式是客户到产地直接装车发货。

一个地方要形成一个大规模的产地型专业批发商铺，必须要有自己的支柱产业和特色产业，并有优势企业和重点产品，这样才足以支撑一个大规模专业市场地产的发展。例如，广东的服装批发商铺、义乌的小商品交易市场、绍兴的中国轻纺城、虎门的服装批发市场、浙江盛泽的丝绸市场等专业市场地产，无一不是以当地产业为支撑，通过建立完整的上下游产业链条取得成功。当然，产业支撑也并不一定能让批发商铺地产成功。

（2）集散型批发商铺

集散型批发商铺是指能够依托该城市或地区的地理位置、交通、信息等方面的优势，集聚大量的商品，对本地及周边地区开展批发业务的批发商铺。集散型市场的主要特点是商品主要来自外地，也主要销往外地。其优越的地理位置、便捷的交通、有保障的物流配送等优势，汇集了大量的商家，对周边区域进行辐射，客源则多来自周边地区。例如，义乌中国小商品城在国内设立30多个分市场，在东南亚等地设立了分支机构，国外还有10多个国家和地区约100多家企业在义乌设立采购点，这就要求市场具有强大的物流配送能力，保证商品的进出便捷。此外，温州苍南的参茸市场是以销售东北人参为主的专业市场，它也属于集散型的批发商铺。

（3）销地型批发商铺

销地型批发商铺即通常没有产业依托，只是向当地居民开展小批量的批发和零售业务的批发商铺。它的主要特点体现在以批发和零售两种方式经营,且零售比重比较大,信息和规模都比较小,与大型集散型批发商铺之间无法形成竞争。销地型市场因无产业依托与产地型市场相区别,因规模小与集散型市场相区别,它是一种主要面向当地居民的以零售为主的市场。

表 9-1　　　　　　　　　　　三大批发商铺房地产类型的比较

市场类型	商品来源地	商品销售地	规模	经营性质
产地型	本地	本地和外地	规模比较大	批发
集散地	外地	主要是外地	规模比较大	批发
销地型	外地	本地	规模比较小	批发和零售

2. 按建筑形态划分

(1) 露天开敞型

它是指由销售产品的特征决定的批发市场,经营规模比较小,直接在露天进行经营活动。主要是一些以农产品、工业材料为主的批发市场,如木材、钢材市场、河海鲜活市场等,这些市场交易量大,但市场形象较差,因此一般都分布在城乡接合部的主要交通干线旁。

(2) 半开敞型

一般常见的是钢结构大棚,内部开敞铺位或者摊位经营。比如,集贸市场、肉菜市场等,还有些传统的小商品市场也会采用这种方式。

(3) 封闭室内型

封闭室内型可以分为多层商场和商业街两种。目前大多数专业市场,都采用这种建筑形式。例如,鞋子一条街、瓷器一条街,或者是建材 Shopping Mall 等。

3. 按商品类型划分

(1) 消费品批发市场

这类市场是指其批发商品类别为人们日常生活用品。比如,服装、鞋包、日用百货、文具、玩具、图书、副食品、粮油、茶叶、礼品等。

(2) 生产资料批发市场

这类市场是指其批发商品类别为满足在生产上所需要的产品。主要是各种工业原材料、辅料、机械设备等,如皮革、化工、电料、机械设备、电子、印刷、纺织、金属材料等。

9.2 批发商铺市场背景分析

与其他各类物业相同,批发商铺市场也会受到各方面的因素的影响。因此,在进行批发商铺房地产市场的分析研究时,也同样应该关注区域经济、规划和政策对其产生的影响。

9.2.1 批发商铺的经济背景分析

进行批发商铺市场分析,要就影响整个房地产市场的宏观经济因素、地区经济因素进行分析。

1. 宏观经济

批发商铺的宏观经济背景分析主要是从以下几个方面进行的。

(1)经济景气情况

投资批发商铺房地产要考虑国家和地方的经济特性,以确定区域整体经济形势是处于上升阶段还是处于衰退阶段,以便决定是否进行投资。

(2)人均收入的变化情况

根据人均收入的变化情况,从侧面分析总体的经济发展情况以及居民的收入水平,从而确定总体的消费水平。

(3)GDP的增长情况

一个国家的GDP的增长水平直接反映了其经济发展状况及未来趋势。因此,GDP的增长情况也会影响投资商的信心。

(4)工业企业发展情况

分析工业企业的发展情况,有利于分析整体工业对于原料等生产要素的需求,有利于投资商分析整个生产要素产品市场的需求量。此外,产业的发展情况也有利于投资商对选择哪些产业投资进行分析。

2. 地区经济

对于地区经济分析的内容,各类不同的批发商铺关注的东西应该有所侧重。下面分别对产地型、集散型、销地型批发商铺进行经济影响分析。

(1)产地型批发商铺

其特点是商品主要由本地生产,且主要销往本地和外地。因此,它所关注的地区经济发展的影响因素,则主要是该地区的对外交通设施通达度和该地区的经济发展水平及居民的收入水平。交通设施(例如城市的铁路、公路、机场、港口等对外交通设施情况)直接影响批发商铺的辐射范围,即商圈的大小;而地区的经济发展水平影响居民的收入水平,从而影响居民的购买力,影响批发商铺产品的销售量。

(2)集散型批发商铺

其特点是商品主要来自外地,也主要销往外地。要重点关注地区的交通情况。

(3)销地型批发商铺

其特点是商品来源于外地,而主要销售给本地。因此,它受影响的地区经济因素则主要取决于本地的经济发展水平以及当地居民的收入水平。

9.2.2 批发商铺的政策背景分析

毫无疑问,宏观经济政策和房地产政策对批发商铺市场起着重要的影响作用。因此,分析批发商铺市场也必须关注各种宏观经济政策和房地产政策。分析批发商铺时,需要关注的政策主要包括四个方面。

1. 对居民消费有影响的政策

这主要体现在当时的货币政策与税收政策。当国家实行利率上调的政策时,则会刺激人们储蓄,减少消费,从而减少人们对于批发产品的消费;当国家减少税收的征收,则会增加人们的收入水平,从而增加人们对于批发产品的消费。

2. 对经营产品有影响的政策

这方面的政策主要包括对外贸易政策和产业政策。对外贸易政策会通过出口限制或出口补贴政策影响以出口为产品主要销售渠道的批发商铺市场情况。产业政策通过影响批发商铺的产品经营来影响批发商铺的市场情况,如促进物流业发展的产业政策有利于批发商铺的市场发展。

3. 对批发商铺开发有影响的政策

这类政策主要包括金融政策、税收政策和土地供应政策。例如,利率的上升会导致批发商铺房地产市场开发项目的成本上升。房地产信贷政策的宽松或持紧、金融机构贷款基准利率的上调或下调等都会对批发商铺的开发有影响。另外,严格土地供应计划也会抬高土地的成本。

4. 对批发商铺的租售有影响的政策

批发商铺有租赁及销售两种经营形式。租金作为商铺的租赁价格,同样是政府调控批发商铺市场的主要对象之一。而价格控制也是政府调控批发商铺市场的重要工作内容。租金和价格控制政策会影响批发商铺的销售和租赁,影响当期批发商铺的吸纳率。当然,政府对租金价格的直接干预比较少,一般通过调整土地、金融、税收等方面政策来影响批发商铺市场的供给与需求,进而间接影响商铺的租金和价格水平。

9.2.3 批发商铺的规划背景分析

批发市场的发展同时还受到政府规划的影响。城市规划是城市发展的战略、建设城市的纲领、管理城市的依据,是城市政府指导调控城市建设和管理的基本手段,是保证城市土地合理利用和房地产开发等经营活动协调进行的前提和基础,是实现城市经济和社会发展目标的重要手段。一般来讲,城市的规划设计直接影响到地产投资的回报和投资者的决策。所以,研究规划对批发商铺房地产市场的影响,必须结合城市规划的多方面来分析。

进行批发商铺的市场分析时,需要关注城市规划中的以下几个方面。

1. 商业网点规划

商业网点规划的主要规划指标为城市商业中心、区域商业中心、大中型商业零售网点控制指标，以及商业街、各种专业批发市场、社区商业服务设施控制指标。因此，商业网点规划中对各种专业批发市场的规划，则会关系到批发商铺建设的数量及规模。

2. 区域基础设施及交通条件的规划

区域是否能提供满足商贸来往的相应档次宾馆和客房，是否能满足商贸、接待活动的要求，是否能提供相当数量和档次的公寓、商场及其他配套服务设施，这关系到批发人员的方便度。该区域与机场、车站码头的距离，与城市交通干道的关系，区内道路网的密度，区内道路状况，机场、火车站、港口的容纳能力，都要考虑在内。对外则主要体现在公路网、铁路网、水网体系，与批发中心的交通联系程度、交通状况及近远期发展计划，交通设施及交通工具条件。因为它关系到商品运入和运出。

3. 物流规划

物流规划是指发展以仓储、运输、信息、服务于一体的综合性物流中心的各种相应的措施安排。引进现代化的物流运作理念，实现运作模式的现代化、操作方式的自动化、物流系统布局的合理化已是批发市场建设的一致追求。对批发市场的各个功能区进行分析设计，并规划每个功能区的设置、物流设备规划和作业流程，这对批发市场的商品的流通有着重要的作用。

4. 区域规划

区域规划是为实现一定地区范围的开发和建设目标而进行的总体部署。广义的区域规划指对地区社会经济发展和建设进行总体部署，包括区际规划和区内规划。前者主要解决区域之间的发展不平衡或区际分工协作问题，后者是对一定区域内的社会经济发展和建设布局进行全面规划。而对批发市场来说，有直接关系的便是区际规划中一个区域中的其他城市是否有竞争性的批发商铺建设规划；区内规划中对该商业网点的区域定位。此外，区域规划中对该城市的定位、城市的性质、城市的发展方向和发展规模等也有一定的影响。

9.3 批发商铺市场供求分析

不论什么类型的房地产市场，在进行市场分析时，均要进行市场供求分析。由于批发市场具有寡头垄断市场的特点，因此，在供需量方面只进行市场的需求量分析。

9.3.1 需求量分析思路

从整体的角度来分析批发商铺市场需求量的思路如下。

1. 分析经营者的能力

一个城市的经济发展水平决定着该城市商业的发达程度。而经营者的经营能力在一定程度上也决定了该城市批发商铺的辐射能力。比如说,浙江义乌的批发商铺,由于商业氛围好,各经营商都有自己的商业模式及产品商业链,经营能力强,因此义乌的小商品批发商铺做得规模很大,发展得也很好,名气远扬。其商品批发去向已不仅仅是本地,而是扩大至许多外地城市甚至海外。因此,可根据经营者的能力水平分析得出批发商铺的辐射范围。

2. 划定批发商铺辐射范围

划定批发商铺的辐射范围即确定其商圈。为完成此项工作,需要依据地区经济支撑能力及经营者本身能力的分析结果。首先调查市场影响范围延伸到哪些区域,其次根据调查结果得到市场的辐射范围大小,最后根据该批发商铺的辐射范围大小来确定商圈的大小。

3. 确定批发商铺商品需求

一旦商圈的范围界定了,就可以统计批发商铺商圈内的消费者数量,并进而确定批发商的需求量大小。

$$批发商铺商品需求量 = 消费者数量 \times 人均商品需求量 \quad (9\text{-}1)$$

4. 估算批发商铺房地产需求量

当商品的需求量确定后,即可结合单位建筑面积房地产的销售额,估算出批发商铺的需求量,计算公式为

$$批发商铺房地产需求量 = 商品需求量 / 单位建筑面积房地产的销售额 \quad (9\text{-}2)$$

批发商铺房地产需求量分析思路如图9-1所示。

必须指出的是,不同类型的批发商铺需求量的分析有所区别。

(1) 产地型批发商铺

其房地产需求量主要取决于需要销售多少产品出去,根据单位建筑面积的房地产能够实现的销售量来决定批发房地产的规模,而单位面积的批发量可以根据单位建筑面积的利润量和批发产品的利润率来确定。从经济学的角度分析,我们知道,当单位建筑面积的房地产的利润率很高时,必然会导致规模的进一步扩大,直到达到批发行业的平均利润率水平为止。

(2) 集散型批发商铺

房地产需求量主要取决于经营者的经营能力和该批发商铺的辐射能力。这两方面决定商圈的大小,从而可以确定商品需求量的大小,最后据此来确定批发商铺规模大小。

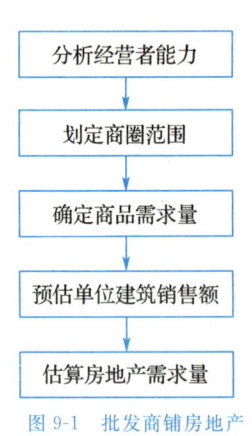

图 9-1 批发商铺房地产需求量分析思路

(3)销地型批发商铺

该市场的特点是产品主要销往外地,所以,销地型批发商铺市场的需求量主要取决于外地对批发产品的需求量。对批发产品的需求量越大,则对批发商铺房地产的需求量也越大。

9.3.2 批发商铺的产品特征分析

如前所述,由于批发商铺市场具有寡头垄断市场的特点,因而不必分析其市场供给量,但我们需要分析其供给方面的产品特征。批发商铺的房地产与其他类型的房地产相同,在产品上具有自己的特色。同时,不同类型的批发商铺在产品上也各具特色,但概括起来各类批发商铺的产品具有以下共同特征。

1. 建筑产品特征

(1)产品建设规模大

一般来说,批发商铺房地产的规模比较大。这是因为,这里聚集着众多产品,是各类产品经营的场所。有的一个批发商铺就集聚着数量庞大的铺位。

(2)要求有配套设施

一个批发商铺不仅仅包括房屋建筑这个基本产品的交易空间,而且还要求具备相关的配套设施。这些配套设施按照功能的不同,可以划分为以下几种类型:①经营配套设施:仓储、装卸搬运、长短途交通、停车场、消防及安全设施、展览中心等;②商务、生活配套设施:办公室、餐饮休息处等。

案 例

某副产品批发商铺配套设施

(1)商位设施。大开间设计。在每个商位的显著位置设置证照悬挂设施,配备良好的照明设施。根据经营户的需要配备电话、宽带入网设施。

(2)停车场。设置机动车和非机动车的专用停车场地。近期,商业用房面积在5000平方米以上(含)的市场应达到商业用房面积的30%左右,5000平方米以下的市场应达到20%。

(3)物业管理用房。设置保安、财务、卫生管理、设施维护、档案等物业管理用房,并配备必要的办公设施。设置交易结算、信息交流、交易统计等服务设施,设置投诉处理点,设置磅秤等称重设施。根据需要设置监督管理用房。

(4)消防及安全设施。消防设施符合国家有关消防技术规范。配置防盗设施。地面应使用防滑材料。5000平方米以上的市场应设立监控设施。

(5)宣传设施。设置市场招牌、导购牌、商品区域标志及商位号牌,场内显著位置设立公示牌,设置广播、公用电话等服务设施。有条件的市场可设立价格行情电子显示屏。

(6)检测设施。食用农产品批发市场应设置检测室,安排相对独立的检测工作间,配备检测项目所需的快速定性检测设备。

(7)储存设施。根据需要设置商品短期周转的储存库房和冷藏、冷冻仓库。

(8)服务设施。市场周边配套设置饮食、住宿、运输、银行、邮电等方面的设施。

(9)绿化。根据建设项目要求设置。

从这个案例当中我们知道,批发商铺的组成要素是相关配套设施和其主体结构。只有这两者相结合统一起来才构成一个专业的批发商铺。另外,一个批发商铺的相关配套设施还取决于这个批发商铺的性质及经营产品的种类。例如,服装批发市场对消防设施、服务设施等要求侧重相对多一点,而农产品市场等则对仓储设施、监测设施等要求相对高一点。

(3)产品规划设计特殊

批发市场建筑设计主要涉及项目市场定位问题。开发商在动工前,应该对这个批发商铺项目进行研究,根据其经营产品的特点来设计批发商铺,并了解产品的建筑要求、经营产品的特性对规模、层高、楼板荷载等要求,此外还要尽可能按照经营者的要求来设计商铺的规划形式。有些开发商忽视了这一环节,不管项目适合做什么,拿了地块就做,如有些项目的地段非常好,但由于商铺设计规划不合理,有意向的大商家进不来。

①平面规划。批发市场项目选址应该是交通便捷区,它的主体建筑大部分是以铺面的形式来设计的。当然,特殊产品的建筑设计会不同。

②配套规划。不同业态有不同的配套要求。对于批发商铺,其配套规划对储存空间、停车场、装卸搬运空间、消防安全等方面有严格要求。因此,在项目修建时就要充分考虑到这种商业业态的配套要求,尽量让配套规划完善到位。

③商铺规划。一个项目的商铺分割应做到如何将大量商铺灵活组织,利于出售同时又可化零为整,利于整体出租和经营。商铺的分割要考虑业态定位。如批发中心的商铺划分应以大面积为主。此外,商铺的人流流动线、通道、出口、电梯等也要全面考虑,要让偏僻的商铺也能充分享受人流。

④立面规划。商业建筑的立面规划体现商业项目的整体形象及对消费者的吸引力。立面应和周围其他商业形成差异化,有自己独特的风格,强调项目的可识别性。

⑤装修规划。装修规划包括公共装修、铺位装修。公共装修主要包括天花板、地板、灯饰、隔墙等;铺位装修有对开门与平开门、卷闸门与玻璃门的统一要求。商铺的规划设计要求,经营业态是关键,装修档次、材料色彩运用等都要符合经营业态的特性。

批发商铺的规划特征见表9-2。

(4)建筑消防要求高

由于该类批发商铺建筑以及这种产品市场存在如建筑面积大、火灾荷载大、可开启外窗面积小、人员集中等特点,因此该类建筑对消防的要求极高,能确保消防安全的消防设计有以下几种类型:

表 9-2　　　　　　　　　　　　批发商铺的规划特征

规划类别	规划特点	规划要求
场地要求	最好对内对外交通方便	满足运输要求
平面规划	大规模的铺面形式	满足该业态产品的特点要求
立面规划	为了方便产品的装载，一般层数不多	满足通透要求
配套规划	各种配套规划齐全	满足批发市场要求的完整性
装修规划	体现在档次、颜色、产品等风格特点上	通过设计细节体现人的需求与业态特征
商铺规划	商铺灵活组织，面积比较大	整体商铺享受人流量

①防火分区。
②防排烟设计。
③安全疏散设计。
④自动喷水灭火系统的设计。
⑤消防电气设计：火灾自动报警系统设计；火灾事故应急照明系统和疏散指示系统设计。

案 例

某大型服装批发市场的消防设计

某市在建的几个市场建筑面积均在 50000 万平方米以上，其中 A 广场总建筑面积就达 20000 平方米。该类市场一般为分隔摊位，每个摊位面积 20~200 平方米不等。摊位前部为吊架垂挂样品展示，后部水平堆积待批发的服装。因为此类市场中主要为堆积的服装，而服装一般以棉、麻、丝和高分子化合物为原材料，燃烧时将产生大量的烟气，要设计机械防排烟设施。此外，此类市场中的服装均为水平堆放，普通喷头所喷的水难以达到燃烧物表面，无法有效控制火灾，应要求进行自动喷水灭火系统的设计。

由于大型服装批发市场与一般商店在火灾现象方面存在较大区别，不少市场在建设初期对内部设计的不确定性和现行消防技术规范对此类市场消防设计没有明确要求，或有些规定在实际执行中给设计带来很大难度，因此应对此类市场发生火灾时的特征进行科学的分析，实施科学的消防设计，采用新技术、新设备，使此类市场消防设计更合理、更科学。当然，不同的产品批发商铺，其对防火设计及要求会相应不同。所以，设计人员在设计规划的过程当中，应该对此项目分析准确，满足其合理性的要求。

2. 区位特征

区位不仅指空间的地理位置，还指它所处地区的一切经济社会关系的总和。一般批发商铺位于交通发达的区域，这是由它自身的特点决定的。它对外要求交通便利，有利于其他地方的消费者来此进行购物。除了区域的地理自然条件、交通条件对此有影响外，该区域的经济社会条件也会对整个批发商铺的辐射能力产生影响。一个地区的经济社会条件比较好,则会有利于提高批发商铺的辐射能力及范围。因此,区位对批发商铺房地产市场有着非常重要的意义。

案例

义乌市位于浙江省中部,地属金华市,位于金衢盆地东部,浙江省的地理中心。东邻东阳市,南界永康市、武义县,西连金东区、兰溪市,北接浦江县和绍兴的诸暨市。婺州八县皆通义乌,至省会杭州百余里。处于西太平洋沿岸前居中位置,南通广东、福建,西接长江腹地,东靠中国最大城市上海,是面向太平洋的黄金通道。陆空运输,交通便利。铁路方面,贯穿全境的浙赣复线已经全面进入电气化时代,为了城市的发展,铁路迁移后,义乌境内新线全线通车后,列车运行速度最高可达200千米/时。义乌到杭州行程直达时间可缩短至不到1小时。新建成的后宅火车站已经投入使用,总用地面积46800平方米,建筑面积14927平方米。候车室设上下两层,可同时容纳3000人进站候车。这都为义乌的物流提供了方便。

义乌机场是全国第二个县(市)级中型航空港。能起降波音707、麦道82等大中型客机,先后开通的航线有广州、北京、汕头、厦门、深圳等十多条。义乌机场距义乌市区5.5千米,距金华市区51千米,已达到4C级机场规模,机场配套设施完善,具备全天候起降的条件。

改革开放以来,义乌发展大致经历了4个阶段:兴商建县阶段(1982—1993年),实施兴商建县战略,以市场化为主要推力,逐步形成了全国最大的小商品市场。工业强市阶段(1993—1998年),实施以商促工、贸工联动战略,以市场化带动工业化,逐步形成了与专业市场紧密联动的工业产业体系。城市化阶段(1998—2003年),实施城市化战略,工贸联动催生城市化进程,逐步形成了现代化商贸名城。迈向国际化阶段(2003年至今),随着市场规模扩大、功能完善和业态提升,形成了全球最大的小商品批发市场,并演进为国际性商贸城市。

(案例来源:案例来源:金华日报(2022-11-26 15:30):从马路市场到世界超市的义乌奇迹)

从这个案例当中我们可以看到,一个批发市场的成功与否,与该区域的区位优劣有着重要的关系。对于这点有些人把它比喻成"唇亡齿寒"的关系。正因为义乌有着得天独厚的区位优势,不管是地理位置还是其对外的公路网线或是航空路线,对内对外如此方便、快速,才使得其有可能成为今天小商品批发市场的领导者。

3. 供给竞争性分析

(1)供给竞争性的内容

在同一个区域,批发商铺之间的竞争还是存在的,只是这方面的竞争性比较弱而已。

当然，由于它的商圈不限于一个城市或区域，一个城市或区域的批发商铺很可能需要同其他城市或区域的批发商铺进行竞争。因此，对于批发商铺的供给竞争性分析主要是两个方面：①同区域批发商铺之间的竞争；②不同区域之间批发商铺的竞争。

(2) 分析供给竞争性

对于第一种供给竞争性的分析如下：

①调查分析在同一区域经营同种或相似类别产品的经营者的数量、规模、背景和经营方式。

其中，数量的调查是分析经营该类产品数量和分布情况；规模的调查主要是确定其营业面积、从业人员数量；背景的调查是要确定经营者从业的经验、资金实力、投资意图等；经营方式的调查则是分析经营者是采取独立经营还是合伙经营。

②调查各经营者采取的竞争策略及其走向

这里主要是要充分调查竞争者之间对于产品销售的方式、促销模式，以及其要采取的一些提高自身竞争力的策略等。

对于第二种供给竞争性的分析如下：

①调查不同区域内批发商铺的数量和规模，产品经营的主导方向。

对于一个区域内批发商铺的数量主要是以每个批发房地产个体来进行计算，规模则是确认每一批发房地产所有的商铺占地面积、建筑面积、可出租或可出售面积、其他辅助的仓储面积和办公面积及停车位等。另外，还要确定每一个批发商铺所有的商铺有无主导的产品经营方向。如果有，是什么类型，如何经营，有何特色，租金水平和相关服务如何；如果没有，各类产品经营的大致比重如何。

②调查不同区域批发商铺的竞争策略及其走向。

这一步是要明确单独的批发商铺采取什么手段来吸引租户，是租金低廉还是服务水平高，是拥有较高的市场信誉还是位置突出，还是整体的管理水平等。

只有在对批发房地产市场的特点、供给、需求等各方面进行分析后，各个市场主体才能发挥作用，开发商、投资者和经营者才有可能规避风险，将风险降到最低限度，并尽可能通过及时、准确的市场分析，来争取最大的盈利机会。

思 考 题

1. 如何对批发商圈进行划分？
2. 阐述批发商铺的市场特征。
3. 阐述批发商铺的类型。
4. 如何对批发商铺市场进行背景分析？
5. 如何分析批发商铺市场的需求、供给特征？

第 10 章

写字楼市场分析

学习要点

本章对写字楼市场分析进行了理论阐述与实践问题探讨,首先在阐述写字楼概念特征的前提下,介绍我国写字楼的发展阶段;其次对写字楼进行市场细分;再次阐述如何对写字楼进行背景和需求供给分析;最后介绍写字楼市场的竞争性分析。通过本章学习,学生能够掌握写字楼的概念和市场特征,对写字楼能够进行市场细分,能够对不同的写字楼市场进行背景、需求和供给分析,在此基础上能够分析写字楼市场的竞争力。

10.1 写字楼市场分析概述

10.1.1 写字楼的概念及特性

1. 写字楼的概念

"写字楼"一词起源于英文中的"OFCE",后经翻译成为"写字楼"。写字楼建筑已成为现代城市中心显著的建筑群体;同时,为它服务的宾馆、公寓、商业、餐饮业、娱乐设施等综合配套建筑也相应产生,这些建筑综合在一起逐渐形成城市的商业聚集中心。

写字楼有广义与狭义之分。广义的写字楼是指国家机关、社会团体、企事业单位用于办理行政事务或从事商务活动的建筑物。狭义的写字楼,则是指公司或企业从事各种商务活动的建筑物及其附属设施和相关的场所。本书所指的写字楼是狭义上的写字楼,即专门用于公司等机构组织进行商务办公的建筑。

2. 写字楼的特性

(1)投资大且集中

写字楼开发资金需求量非常大,且需要连续投入资金。在大中城市的烂尾楼中,停建的写字楼占了很大一部分,就是这一特性的写照。

(2)开发周期比较长

相比住宅的开发,写字楼的开发周期是住宅的2～3倍,且因地区产业发展程度与写字楼市场供需平衡状况的影响而波动。

(3)产品复杂,对交通组织要求高

为满足办公舒适的需要及心理满足感,写字楼的产品组合越来越考究,如配套餐饮及娱乐休闲等设施;另外进入写字楼的人员比较密集,车辆也比较密集,所以对停车位的设计要求比较高。

10.1.2 写字楼的市场特征

1. 供给特征

(1)产品供给区域集中

由于写字楼的需求者对写字楼所处的区域品质要求较高,写字楼的用户很注重写字楼所处区域的商务办公氛围;同时写字楼的集中利于公司之间的协作与交流,所以写字楼的供给区域集中。一般的规律是高档写字楼主要位于城市的中央商务区,普通的写字楼位于城市的次级中心区域。

(2)产品形式多种多样

写字楼的产品形式很多,根据国家行业标准《办公建筑设计规范》,写字楼有公寓式写字楼、酒店式写字楼、商务写字楼、综合楼等形式;根据建筑层数、建筑规模、产品功能还可以分为很多种类型。

(3)供给量受经济影响大

国家的宏观经济政策、城市经济发展水平及繁华程度,对写字楼供给的数量影响较大。在经济繁荣时,人们往往对未来看好,看不到潜在的风险,因而写字楼的租金上涨快,从而导致写字楼的供给量急剧增加;而在经济衰退时,人们又容易过分悲观,使写字楼的租金下降幅度比住宅大得多,从而导致写字楼的供给急剧减少。

2. 需求特征

(1)需求量受经济影响大

写字楼的需求不存在刚性需求,因为写字楼的使用者多为承租者,租用的目的在于提供商务办公场所,而经营活动并不像居住那样是生存所必需的。所以,写字楼的需求量受经济影响大,在经济不景气时需求量萎缩较剧烈,在经济高涨时需求量急剧增加。

(2) 对产品形象与品质要求高

写字楼的使用者对写字楼有"好看"与"好用"的双重要求。虽然住宅也要求既好看又好用,但是写字楼对"好看"要求更高,即产品的形象要求更高,这是因为写字楼的使用者要通过写字楼的形象来展示公司的形象和实力。所以,写字楼的需求者一般要求写字楼所处的区位具有良好的办公氛围,建筑外立面装修档次高,建筑高度突出,大堂宽敞气派。用户对写字楼品质也具有较高的要求,具体主要体现在写字楼的区位、配套用房、设施设备、电梯、通信和物业管理等方面,如:在区位上,写字楼的客户要求写字楼所处的区位交通便利,与客户的接近性好,办公氛围浓厚。在配套用房上,要求有设备用房和会议室接待室等公共用房。在设施设备上,对暖通空调系统、消防系统、供电系统、通信系统等具有比住宅更高的要求。在电梯方面,写字楼每部电梯服务的面积范围通常在 3000 平方米到 6000 平方米之间。具体来说,甲级写字楼的每部客梯服务面积不应超过 5000 平方米,而乙级写字楼的每部电梯服务面积则不超过 6000 平方米。

(3) 物业管理质量对需求有重要影响

写字楼的物业管理质量对写字楼的档次和办公环境具有非常重要的影响,所以写字楼的使用者对写字楼的物业管理的要求比较苛刻,除了要求干净、整洁的办公环境外,通常要求电梯能 24 小时开通,因为写字楼里的企业经常会因为客户对某项业务要求完成的时间很急,从而需要在晚上加班;还会要求有良好的安全措施,因为各个公司的材料都是商业机密,各种财务资料对公司的经营来说不可丢失,办公设备的价值也较大,所以客户一般都会要求写字楼里安装有监控摄像头,以保证各公司财物的安全。

(4) 不同档次客户的需求面积差异大

在写字楼办公的企业人数不等,由数人到数百人不等,甚至有千人企业(指在写字楼里办公的人数,一般将 50 人以下的公司称为小型公司,50~100 人的企业称为中型公司,多于 100 人的公司称为大型公司)。同时,各种档次的企业每人的办公面积也有较大的差距,所以在需求的面积上,不同档次的客户差异较大,从十几平方米到数千平方米不等,客户办公使用的面积相差甚至达到数百倍。

(5) 需求者对项目的客户组合要求高

写字楼的需求者对客户组合的要求有三种:①要求与相同或更高档次的客户在一起办公,以显示或提升自己的身份;②要求客户组合具有较好的关联性,因为当同一写字楼的客户为一个业务链上的客户时,可以直接带来相关业务;③要求客户组合为同一个行业的客户,以形成集聚效应,带动写字楼人气的聚集。

10.1.3 我国写字楼的发展阶段

第一代写字楼一般是指计划经济体制下的行政办公楼,只能满足于基本办公功能。深圳第一代写字楼是 20 世纪 80 年代以深圳速度名贯全国的国贸大厦为代表,以及零散分布在罗湖不同区域的写字楼，如房地产大厦、联兴大厦、深业大厦、晶都金融中心等。

第二代写字楼指的是外企进入中国，改革开放后获得开发建设的写字楼。这批写字楼除了满足功能需求之外，内部空间开始针对客户灵活分割，智能化水准有所提升。深圳第二代写字楼以出现于 20 世纪 90 年代初的深圳电子科技大厦、中银大厦为代表。

第三代写字楼在第二代的基础上开始以客户的贴身需求为导向，加入绿色环保办公理念，提高舒适度，大大提高了智能化的水平。深圳第三代写字楼以 20 世纪末的地王大厦、赛格广场和江苏大厦为典型代表。

随着中国的入世，经济全球化的到来，第三代写字楼已经不能完全满足国际化商务办公的需要，在这种前提下，第四代写字楼的出现就顺理成章了。所谓第四代写字楼，即在第三代写字楼功能的基础上，强调以客户需求为中心，旨在提供低成本、高效率的商务平台，提倡人性化的沟通与交流，注重办公空间对企业文化和员工素质的培养和提高，引导智能化，强化绿色环保办公理念，从而达到国际化商务社区的标准。

和前三代写字楼相比，第四代写字楼具有以下几个特点：

（1）目标客户明确。第四代写字楼瞄准各类跨国企业和外资企业以及有实力的国内大中型企业，最大限度地满足使用者对办公舒适性和提升工作效率及效益的要求。

（2）景观要求更高。国际上许多知名中央商务区或知名写字楼都是建在优美的自然景观附近。除了自然景观，写字楼内的绿色景观也越来越受欢迎，有共享交流功能的楼内中庭式花园将成为日后写字楼发展的一种趋势。

（3）更多商务空间。随着网络的普及，资源的共享成为提升工作效率的重要议题。因此，办公环境的规划将突破传统的"办公室＋公共走廊"的空间模式，从封闭及注重个人隐私逐渐走向开放和互动。第四代写字楼更大程度地提供给大家商务共享空间，使办公空间趋于模糊化，在倡导交流沟通的基础上提高工作效率，将工作融入休闲中，打造全新的办公方式。

（4）提倡绿色环保。第四代写字楼不仅注重外部的环境景观，在内部的办公空间中也广泛引入立体绿色景观，形成健康环保的办公空间。此外，如何巧妙地将自然空气引入办公楼内也成为"后非典时期"写字楼客户非常关心的问题，因此正在规划中的大部分写字楼都已经将内部中庭花园和新风系统融进了设计当中。

（5）高智能化。第四代写字楼的智能化程度达到了相当高的程度，并要求为将来的升级换代预留充足的升级空间，达到 5A 甲级标准将是最低的智能化标准，包括楼宇智能化、安防智能化、办公智能化等。

10.2 写字楼市场细分

写字楼市场细分是进行写字楼市场分析的前提。首先要进行产品的细分，只有在了解产品类别特征的基础上才能更准确地认识写字楼各子市场的细分,再从单个项目进行具体分析,完成写字楼项目的供需分析和后期的定位工作。

10.2.1 按档次细分

"甲级""5A""第四代"是从不同角度界定办公物业的等级,三个等级基本代表了评定写字楼等级的基本方向。"甲级"从综合品质角度出发评定写字楼的等级;"5A"是从硬件配置角度评定;而"第四代"则是从写字楼发展角度出发制定标准。三个角度评定方法各有特点,如果消费人群不清晰各个评定方法,会造成对概念的理解混乱。

"甲级写字楼"是一种通行叫法,是外资发展商开发涉外写字楼过程中,逐步引进并流行起来的词语,将写字楼按照其综合素质不同,可以划分为甲、乙、丙等几个等级。就中国的办公楼市场而言,一般分为高档物业(甲级写字楼)、中档物业(乙级写字楼)、低档物业(丙级写字楼)。而高档物业又可细分为两个部分:顶级和甲级写字楼。顶级写字楼与国际写字楼标准相符,甲级是按照本地市场现行标准划分的。所谓甲级写字楼,主要是参照了四星级酒店或五星级酒店的评级标准,是房地产业内的一种习惯称谓。由于写字楼物业在不同的市场各不相同,写字楼的分类标准通常是基于每个市场上的相对质量,如在一些小城市还没有顶级写字楼与国际写字楼。

超大城市(如北京、上海、深圳)在办公物业划分时除要考虑楼宇品质外,还要充分考虑城市交通和城市规划(中央商务区布局)的因素。具体来说,物业等级和等级标准可作如下的划分和界定:

1. 顶级物业(国际写字楼)

(1)楼宇品质:建筑物的物理状况和品质均是一流的,建筑质量达到或超过有关建筑条例或规范的要求;建筑物具有灵活的平面布局和高使用率,达到70%的使用率;楼层面积大,大堂和走道宽敞,从垫高地板到悬挂顶棚的净高度不少于2.6米。

①装饰标准:外立面采用高档次的国际化外装修,如大理石外墙和玻璃幕墙,采用进口高标准的大理石、铝板、玻璃幕墙等材料;有宽敞的大理石大堂和走廊;公共部分的地面应为大理石、花岗岩、高级地砖或铺高级地毯,墙面应为大理石或高级墙纸或高级漆,应有吊顶,电梯间应为不锈钢、大理石;卫生间安置进口名牌洁具,等等。

②配套设施:应有配套商务、生活设施,如会议室、邮局、银行、票务中心、员工餐厅等,专用地上、地下停车场,停车位充足,满足日常生活的商店,适合商务会餐的饭店、宾馆,午间放松或娱乐设施,其他如公园、运动设施和图书馆。

③电梯系统:应有良好的电梯系统,电梯设施先进并对乘客和商品进行分区,一般每4000平方米设置一部电梯,平均候梯时间为30秒。

④设备标准:应有名牌中央空调,中央空调系统高效;有楼宇自控;有安全报警;有综合布线。

(2)建筑规模:超过50000平方米。

(3)客户进驻:国外知名公司的租户组合;知名的跨国公司、国内外大公司、财团。

(4)物业服务:由经验丰富且一流的知名品牌公司管理,配备实用的计算机物业管理软件,实现办公物业管理计算机化,建立办公管理信息系统,且办公物业各系统实现连通和统一的管理,提供24小时的维护维修及保安服务。

(5)交通便利:位于重要地段,极佳的可接近性,临近两条以上的主干道。有多种交通工具,最好有地铁直达。

(6)所属区位:位于主要商务区的核心区。

(7)智能化:3A~5A。

(8)开发商的背景:开发商经验丰富并且资金雄厚。开发商在项目开发的早期年份具有财务弹性,并且具有大规模房地产投资的丰富经验,这些开发商或是海外公司如来自美国、马来西亚、韩国,或者有海外经营成功经验的优质国有企业。

2. 高档物业(甲级写字楼)

(1)楼宇品质:建筑物的物理状况优良,建筑质量达到或超过有关建筑条例或规范的要求;其收益能力能与新建成的办公楼建筑媲美。

①装饰标准:外立面采用大理石、高级面砖、铝板、玻璃幕墙等材料;有大堂,大堂地面应为大理石、花岗岩、天然石材等,墙面应为大理石、花岗岩或高级墙纸等材料,应有吊顶吊柱,应包有大理石、不锈钢等材料;公共部分的地面应为大理石、花岗岩、高级地砖或铺高级地毯,墙面应为高级墙纸或高级漆,应有吊顶,电梯间应有不锈钢、大理石或木门套;卫生间安置进口名牌洁具,等等。

②配套设施:应有配套商务、生活设施,如会议室、邮局、银行、票务中心、员工餐厅等,专用地上、地下停车场,停车位充足。

③设备标准:应有名牌中央空调;有楼宇自控;有安全报警;有综合布线。

(2)建筑规模:1万~5万平方米。

(3)客户进驻:有知名的国内外大公司,客户大多是进行研发、技术服务、电子商务或知名品牌代理等方面的业务。

(4)物业服务:由经验丰富的知名公司管理,完善的物业管理服务包括24小时的维护维修及保安服务。

(5)交通便利:有多种交通工具直达。

(6)所属区位:位于主要商务区或副都心区。

(7)智能化:3A及3A以上。

3. 中档物业(乙级写字楼)

(1)楼宇品质:建筑物的物理状况良好,建筑质量达到有关建筑条例或规范的要求;但建筑物的功能不是最先进的(受功能陈旧因素影响),有自然磨损存在,收益能力低于新落成的同类建筑物。

①装饰标准:外立面采用面砖或瓷砖;有大堂,大堂地面为地砖,墙面为瓷砖或高级漆,有吊顶;公共部分的地面为地砖或铺中档地毯,墙面刷白;卫生间采用合资或国产中高档洁具等。

②配套设施:有专用地上、地下停车场。
③设备标准:有中央空调系统;无楼宇自控;有安全报警;无综合布线。
(2)建筑规模:无限制。
(3)客户进驻:客户多为国内的中小公司,从事销售代理、产品研发。
(4)物业服务:有物业公司服务。
(5)交通便利:有交通线路到达,交通较方便。
(6)所属区位:副都心或较好的城区位置。

4. 低档物业(丙级写字楼)

(1)楼宇品质:物业已使用的年限较长,建筑物在某些方面不能满足新的建筑条例或规范的要求;建筑物存在较明显的物理磨损,功能陈旧,但仍能满足较低收入承租人的需求。
①装饰标准:外立面采用涂料;无大堂;公共部分的地面为普通地砖或水磨石;卫生间采用普通国产洁具。
②配套设施:无。
③设备标准:分体空调;无楼宇自控;无安全报警;无综合布线。
(2)规模:无限制。
(3)客户进驻:客户基本是小型私企,从事简单的销售业务。
(4)物业服务:可有一般性的物业服务,如卫生、收发、值班。
(5)交通便利:有交通线路到达。
(6)所属区位:一般城区位置。

10.2.2 按功能细分

按功能分类,写字楼可分为纯写字楼、综合楼和商务综合体三种形式。

1. 纯写字楼

纯写字楼是指只有商务办公功能的写字楼。这种写字楼一般位于商业繁华地段,因为其服务需要借助周边的商业配套设施。

2. 综合楼

当有两种或者两种以上的主要功能并存时,则称为综合楼。①办公与商场复合的类型,如北京的丰联广场、昆太国际大厦、万通大厦等;②办公与居住复合的类型。

3. 商务综合体

商务综合体可称为综合性建筑或复合型建筑,集写字楼、公寓、酒店、商场、会议、展览及娱乐建筑于一身。其特点是功能协同、空间紧凑、抗风险能力强。建筑综合体因其规模宏大、功能齐全而被称为"城中之城",在城市规划建设中扮演着非同寻常的角色,如曼哈顿的洛克菲勒中心、东京的阳光城、北京的国贸中心等都属于大型建筑综合体。

商务综合体的配套商业设施主要包括餐饮(高档饭店、咖啡店、果蔬店、茶吧、酒吧)、特色超市、精品购物店(世界名牌时装、珠宝、艺术品、民间工艺品)、银行、商务服务中心等。根据 Shopping mall 的综合性、复合性和互补性特点,进一步借用以描述商务综合体,称为"商务 M",其集办公、酒店、金融、图书馆、健身等为一体,是成熟的商务综合体。

10.2.3 按客户组合细分

按客户组合来划分,写字楼有主题式写字楼和混合式写字楼两种类型。

1. 主题式写字楼

主题式写字楼是指以特定目标客户群或行业需求为主题,从业态布局、资源配置、商务配套等方面有针对性地合理优化设计的写字楼。主题式写字楼具体又可以分为纯主题式写字楼和泛主题式写字楼。纯主题式写字楼指所有客户在一个行业的写字楼,如房地产大厦、媒体大厦、出版大厦等。泛主题式写字楼指所有客户在一个产业链上的写字楼,如重庆的盛世空间写字楼为泛建筑行业主题式写字楼,它吸引了设计、施工、装修、开发、广告、咨询、材料供应等一系列与建设产业息息相关的行业进驻。

2. 混合式写字楼

混合式写字楼是指由多类客户组合在一起的写字楼,如金融、房地产、贸易、现代服务业、生产制造、IT 产业等公司聚集在一起。其具体又分为功能组合式写字楼,如酒店联体式写字楼,同时具备酒店和办公双重功能等;档次组合式写字楼,如某市的总部基地;自由组合式写字楼,指服务不同行业的企业自由组合而成。

10.2.4 按产品专业化程度细分

按照专业化程度,写字楼可以分为专业化写字楼和非专业化写字楼两种。

1. 专业化写字楼

专业化写字楼是指根据《办公建筑设计规范》,按照商务办公楼的要求进行设计,办公建筑由办公室用房、公共用房、服务用房和设备用房等组成的写字楼。专业化写字楼的特点是建筑的各个方面均按照商务写字楼的要求进行设计,在建筑的格局上配有大堂、走廊,建筑风格现代化,建筑层数上多为小高层或高层,配有公务会议室、公共洗手间,有良好的消防系统和安全监控系统、办公配套服务和专业化的写字楼物业管理及齐全的设施设备,五层及五层以上就设有电梯,且电梯数量符合办公建筑设计规范的要求。

必须指出的是,专业化写字楼一定是档次较高的写字楼,但专业写字楼不一定是纯写字楼,如商务综合体也属于专业化的写字楼,它仅指办公部分是按照办公的专业要求进行设计的写字楼。当然,办公与居住混合的写字楼不应属于专业化写字楼,因为专业化写字楼的配套功能必须是围绕办公的需要进行匹配。

2. 非专业化写字楼

非专业化写字楼指不是按照商务写字楼的要求进行设计的写字楼。它的主要特点是没有大堂,没有电梯或电梯数量的要求不符合商务办公要求,整个写字楼没有公共的会议室、洗手间,停车位不足,无专业化的写字楼物业管理及齐全的设施设备。

10.2.5 按产品特色细分

按产品特色细分,写字楼有生态型写字楼和智能型写字楼两种。

1. 生态型写字楼

生态型写字楼强调"绿色办公"的节能及人性化。优美的环境对于从事脑力劳动的人而言是缓解工作压力、保持好心情的重要因素。生态型写字楼主要包括以下四个标准:①要有充足的阳光;②要有足够的通风;③安全保障系统,如预警应急疏散系统;④与外部环境的亲和性和融合性,不能制造污染。

生态型写字楼由于开发成本相对较高,所以一般以城市周边区域为主。从交通配套设施上来看,其底线在于公交车能够到达的地方,又或者是在轨道交通能够到达的区域,其目的就是要能够与市中心的写字楼开发商进行错位竞争。

2. 智能型写字楼

智能型写字楼体现了5A智能化的应用。5A智能化,一般是指OA(办公智能化)、BA(楼宇自动化)、CA(通信传输智能化)、FA(消防智能化)、SA(安保智能化)。具备5A智能化的顶级写字楼一般都具有一定地段优势、规模优势和软硬件优势,引导了一种更加智能、便捷、高效的办公模式。5A智能化办公是智能化写字楼市场的一个评定标准。浓厚的商业氛围、丰富的业态和服务中心地段的优势,不仅为企业发展增加了机会、降低了成本,同时提高了企业形象,是国内外大中型企业办公的首选。

10.2.6 按用途特征分类

按用途特征划分,写字楼有以下几种类型:①SOHO(Small Office Home Office):是面积小,既可居住又可办公的物业类型,俗称小户型办公。②LOFT:这种类型的写字楼最早源于纽约,原为仓库、阁楼,因其低廉的租金、巨大的空间,深受艺术家的喜爱。随着创意产业在我国一些大城市的迅速兴起,此类办公物业也开始出现,并逐渐受到人们的青睐,如"海上海"。至于目前的MOHO(Mobile移动、House住宅、Office办公)、KIBS(Knowledge Intensive Business Service,知识密集型企业)、MOFFICE(Mix and Match Office,强调现代办公生活需求)等概念,如上海财富国际广场,这大多是满足营销宣传的需要,为了突出其功能与特点而进行的宣传。

实践中,一般从单个项目出发,不会对整个写字楼物业类别进行综合研究分析,但这是从业者的必备知识体系。写字楼市场分析人员应熟悉了解不同类别的写字楼。另外,实际中要服务于产品的定位和竞争性分析,故应细分需求和分解不同供给,找出与实际项目相符的特定写字楼类别。在此基础上,为全面的写字楼供需分析提供参考依据。

10.3 写字楼市场背景分析

10.3.1 经济背景分析

1. 写字楼市场的宏观经济背景分析

宏观经济背景分析通常集中于大的方面,包括宏观经济景气情况、金融发展态势及GDP变化情况、施行的财政政策及货币政策等。在进行写字楼宏观经济背景分析时,不能只分析国家层面的宏观经济情况,还应当把这种背景落实到对地区经济及地区写字楼市场的影响上。

不同档次的写字楼对于宏观经济层面下的影响应变程度不同,对于高档写字楼如顶级及甲级写字楼,受到宏观经济变化的影响更大。当宏观经济情况发生变化时,写字楼用户在写字楼的需求量和选址上会作出相应的调整。如在2008年金融危机影响下,房地产市场一度处于低迷状态,据国家统计局的数据,当年1~4月办公楼销售面积同比下降高达10.5%,从第三季度起,由于全球金融危机的影响扩大,北京写字楼销售面积大幅下滑,企业纷纷停止扩租计划,许多跨国公司开始缩减甚至中止扩张需求,改变选址要求;同时,很多企业因为高昂的租金纷纷搬离原租住的写字楼,迁至租金相对较低的写字楼办公。

2. 写字楼市场的地区经济分析

进行地区经济分析时,应立足项目所在城市在区域经济所处的地位、地区经济状况和发展前景,考察地区经济增长率、储蓄水平、消费水平、投资水平、一般物价水平、人均收入水平、行业发展状况、就业状况、优劣势产业等指标及其变化趋势情况,以及使用办公建筑的经济部门的发展潜力、劳动力的来源和成本、开发环境以及区域市场中写字楼的供求状况等。

一方面,当地区经济增长速度较快、经济结构趋于合理时,人们对一般商品和服务的需求旺盛,导致人们的消费支出水平和企业的投资水平提高,企业规模扩大最终引起对写字楼办公面积需求水平的不断提高。当经济逐渐走向衰退时,写字楼市场的空置率水平提高,相应租金水平下滑;反之,则空置率降低,租金上升。另一方面,地区写字楼市场的发展也反映了地区经济的繁华度与行业发展布局的聚集程度,体现了地区经济发展水平与写字楼总体市场是相互影响的连锁关系。

10.3.2 政策背景分析

以一个写字楼项目运行中涉及的政策内容为基础,正确科学分析和预测写字楼市场状况,对写字楼市场的政策影响分析显得尤为重要。影响写字楼市场发展的政策因素是多方面的,按照作用机理的不同,影响写字楼市场的政策主要为金融政策和产业政策。

1. 金融政策

影响写字楼价格的金融政策主要是房地产信贷政策，包括严格控制或适度放松写字楼开发贷款、购房贷款，上调或下调金融机构贷款基准利率，提高或降低最高房地产抵押贷款成数，延长或缩短最长购房贷款期限等。若商业性房地产信贷管理严格，将增大写字楼投资的购买及持有成本。这种有效抑制投资的行为也易造成一批投资写字楼的企业因门槛提高而放弃投资写字楼的行为。

金融政策不仅影响写字楼的供给和写字楼的购买成本，而且对写字楼的市场需求能力有非常重要的影响。当贷款利率和贷款门槛提高时，各类企业的经营就会受到影响，利润会随之下降，从而企业购买写字楼的能力减弱，最后导致写字楼的市场需求量减少。

2. 产业政策

产业政策对写字楼市场具有直接的影响，具体是影响写字楼市场的需求。当出台加快第三产业发展的政策时，写字楼的市场需求会明显增加。在第三产业中，中介业、贸易业、金融业、保险业、证券业是对商务办公需求量最大的产业，出台促进这些行业发展的政策，无疑有利于刺激写字楼市场的需求，繁荣写字楼市场。

除这两种主要政策外，对土地政策也要给予足够的重视，因为土地的供应政策直接关系到写字楼市场的供给，包括供给量的大小和供给成本的高低。同时需要指出的是，影响不同城市写字楼市场的政策并不完全相同，例如：对于上海、北京、深圳这些发达地区，对外贸易非常发达，所以做这些城市的写字楼市场的政策背景分析时，对外贸易政策和汇率政策就非常重要，甚至是第一重要的政策。

10.3.3 规划背景分析

写字楼市场的发展会受到规划的影响。如国民经济和社会发展规划、城市规划、土地利用总体规划、土地利用年度计划等。以上规划的编制、调整和修订，对写字楼规划设计环节产生约束，控制并指导写字楼项目的有效开发运行。

在各种规划中，以城市规划对写字楼市场的影响最大。在做写字楼的市场分析时，也主要需要分析城市规划对写字楼市场的影响，具体要分析城市规划的以下几个方面。

1. 城市发展布局

在整个城市规划中，每块地的大致用途都有所限制。在城市重点建设的区域或发展较完善的区域，配套设施齐全，周围进行商业沟通的场所较多，但相应的地价较高。在城市重点建设区域，由于政府的资金投入或政策扶持，该地块的发展前景看好；而在一些边缘地区，其未来发展状况相对要差。所以，在进行写字楼的市场分析时，特别是在做某个拟开发写字楼项目的市场分析时，必须认真分析城市规划中的城市发展，因为城市未来的发展布局对写字楼地块的确定有比较大的影响。

2. 交通基础设施

因为写字楼要求所处的区域交通条件好，所以交通基础设施的规划布局影响写字楼市场的发展。在进行交通基础设施分析时，主要需要分析写字楼项目所在区域与机场、车站、码头的距离到达城市主要职能部门的交通状况（包括道路通达度和公交便捷度），与外界联系的主要道路状况，与城市交通干道的关系，区内道路网的密度，区内道路状况。此外，还要分析写字楼所在片区的交通设施、交通工具条件和交通近远期发展计划等。

3. 商业网点规划

写字楼项目运作时，周边的商业服务配套对项目的开发会产生相当大的影响。因此，需要关注项目所在城市的商业网点规划，分析写字楼项目与该区域内商业服务配套的连接情况。例如，需要分析周边区域是否有相应档次和数量的宾馆，能否提供相当档次和数量的公寓、商场、休闲娱乐中心及其他配套服务设施。分析人员要关注写字楼项目的周边配套，从而为进行写字楼的内部结构规划和功能分区的最优化设计服务。

10.4 写字楼市场需求供给分析

写字楼市场需求来源于寻求工作场合的雇主及满足商务工作及配套服务的需要，它与地区的经济发展状况和行业的繁荣程度密切相关，并不是以单一的形式体现写字楼的需求特征，而是以一系列因素组合表现出来的外在分析结果。

入驻户对写字楼的需求具体体现在写字楼的交通通信条件、办公配套设施、建筑品质、性价比及物业管理等方面。在进行项目市场需求分析中，分析人员一般要了解需求分析的影响因素和内容，首先按照写字楼商务区或不同区域划分写字楼市场各子市场，通过需求潜力分析方法预测写字楼总体市场需求的容纳能力和未来需求变化，再结合该写字楼项目所属类别的写字楼的市场容纳力，利于项目的定位。

10.4.1 需求影响因素分析

1. 行业发展状况

行业发展状况的影响主要体现在行业的性质和行业景气指数上，不同性质的行业对写字楼的需求和要求不同，房地产经纪律师业、广告业、咨询业等行业企业是写字楼的主要消费者，且对写字楼的外在形象和档次有一定的要求；而一些专注于产品的创意企业更注重于物业管理和周边配套的齐全。

另外，需求方的行业景气指数也决定了该行业对写字楼价格的承受能力。一般来讲，景气程度高的行业对写字楼的需求会高于景气程度低的行业。

2. 企业规模

（1）企业规模的确定

企业的规模决定了该企业可用于写字楼花费的金额和需要的办公面积。

（2）人数规模及组织架构

一般来说，公司人员规模越大，所需要的办公面积越大；组织架构越长即管理层次越多，管理者岗位越多，企业对办公面积的需求相应也越大。

（3）企业对价值链成员的依赖

比如，服务业对上游客户依赖，而销售业对下游客户依赖，这也是他们选择办公地点的重要影响因素。

（4）业务扩张能力

发展迅速的企业对于写字楼的需求面会越大，如在写字楼的档次和地段的便利性程度上要求更高，一些企业在业务扩张的同时会选择租赁或购买高档次及品质更好的写字楼。

3. 写字楼物业状况

（1）地段区位及周边配套

由于属于长期持有项目，其房产的增值主要来源于地段区域的增值，区位资源优势得天独厚，通常是人流、物流、信息流、资金流汇聚之处。区域的商务氛围也决定了写字楼的租售收益，区位是衡量写字楼价值的核心。合理的周边配套布局能使办公楼的整体商务服务水平整体得到提升，也是写字楼价值的另一增值要素。

（2）产品品质

硬件设施品质包括物业、建筑档次、装修、大堂的品位和布置、电梯质量与配置状况、停车场的设计是否合理、结构布局是否适用、采光通风是否良好等。产品软件配套方面，着重考察信息化、智能化配置。写字楼的品质体现了写字楼的外在品牌，另外也是评定写字楼级别的重要因素。

（3）物业管理

物业管理水平在一定程度上反映了写字楼产品的优劣。物业管理公司直接决定某个写字楼的水电供应、设备检修、保安及消防安全、车位管理及清洁卫生等方面的问题，公司机构在选择写字楼入驻时，物业管理公司常常成为其必须衡量的标准之一。

影响写字楼市场需求的因素是多方面的，进行需求分析时，须综合把握行业、企业状况、写字楼项目自身特色等各个方面的影响因素。

10.4.2　需求潜力分析

写字楼市场需求潜力分析即估算写字楼市场在未来的需求量。对于某个写字楼项目的需求潜力分析，分析人员则必须估算出市场对该写字楼的需求量或吸纳量。对写字楼需求潜力进行准确的分析是一项富有挑战性的工作，或者说是一件困难的事情，因为：①各行业或产业人均办公面积相差较大，而且各行业没有统一的人均面积标准或行情，如各类金融、保障、证券机构的人均办公面积就要比一般行业高出较多。②估算各行各业在写字楼里的人数也很困难，例如，工业企业人数多，但工人并不会占用办公面积。③难以准确地估算现有办公楼的面积，例如，许多工业企业在内部就有自己的办公楼或写字楼。

第 10 章 写字楼市场分析

1. 写字楼市场需求潜力的界定

虽然从术语上对写字楼市场需求潜力可以作多种理解，但对于写字楼市场分析来说，有意义的理解应该为：在某个期间（如在目标项目销售期间）市场可以吸纳的商务办公面积，或者说是在某个期间市场上还未满足的商务办公面积需求。

2. 写字楼需求潜力分析思路

根据上述界定的写字楼需求潜力，写字楼市场需求潜力可用以下公式进行估算：

写字楼市场需求潜力＝未来各行业的商务办公人数之和×平均每人所需要的办公建筑面积－现有办公建筑面积之和 　　　　　(10-1)

如果要估算得更加准确，则必须分行业确定平均每人所需要的办公建筑面积。

对于某个行业的商务办公人数可以采用如下的公式估算：

某行业的商务办公人数＝该行业的就业人数×该行业要进行商务办公就业人数的比例 　　　　　(10-2)

对于不同行业，进行商务办公的就业人数比例差别很大，有的此比例几乎为100%，如咨询金融业；有的行业此比例很低，如工业企业，因为工人并不需要办公面积。所以，此比例要分行业确定。

在写字楼需求潜力分析中，关键是要确定各行业的就业人数。由于需求潜力分析是一种针对未来的分析，亦即需求潜力是指未来某个时间未满足的商务办公建筑面积需求，所以，写字楼市场需求潜力分析的关键是未来某个时间就业人数的预测。

3. 行业就业人数预测

行业未来就业人数的预测可以采用下列公式进行：

某行业预测年度的就业人数＝（上一年度城市在该行业的就业人数/上一年度全国在该行业的就业人数）×预测年度全国在该行业的就业人数
　　　　　(10-3)

当然，分析人员也可以利用回归分析法预测某行业预测年度的就业人数。

4. 目标项目写字楼需求潜力分析

预测目标项目写字楼需求潜力：①要根据目标项目的产品定位确定其客户所属的行业；预测目标项目竞争区域内这些行业在未来的就业人数，并乘上那些行业的人均办公建筑面积，得出竞争区域那些行业的该类写字楼总需求量。②将前一步骤估算出的该类写字楼总需求量，减去本类写字楼现有的办公建筑面积，得出竞争区域本类写字楼的需求潜力（剩余需求量，即为未满足的办公建筑面积需求）。③由竞争区域本类写字楼的需求潜力，乘以目标项目的市场占有率，即可得出目标项目的市场需求潜力（为目标项目可能的市场吸纳量）。

估算目标项目写字楼需求潜力的另一种方法为：①调查现有写字楼的使用者，了解他们转租到目标项目的意向，从而估算出目标项目现有的潜在商务办公需求人数。②再到工商管理部门了解每年在竞争区域注册的目标项目拟定客户行业在预测期间将增加的企业数,减去因注销、迁出的企业数,得出净增的企业数。③将净增企业数乘上平均的每个企业的办公人数,得出未来新增的潜在商务办公需求人数。④将未来新增的潜在商务办公人数乘上目标项目的市场占有率,得出目标项目未来新增的潜在商务办公人数。⑤将目标项目现有潜在商务办公需求人数加上目标项目未来新增的潜在商务办公人数,得出目标项目商务办公人数需求潜力。⑥将目标项目商务办公人数需求潜力,乘上平均每个人的商务办公建筑面积,即可求出目标项目写字楼的需求潜力。

10.4.3 需求偏好分析

1. 分析的内容

写字楼市场需求偏好分析主要包括两个方面的内容,分别是产品品质偏好分析和需求行为偏好分析。

(1)产品品质偏好分析

写字楼本身的品质与客户品质存在一致性,即客户看重写字楼代表的信誉、实力和地位。写字楼也要倚重入驻企业来巩固和加强这种地位,这种相互依赖性在写字楼市场表现极为明显。

根据不同客群对产品品质偏好的不同,需求偏好可分为共性与个性。共性包括垂直交通、内外形象、停车位、网络。个性如有的对智能要求高,有的对配套设施如网络会议室要求高,有的(如总部基地)对生态要求高,有的更加注重物业管理,有的更加注重客户组合。市场分析人员在分析时要注重对写字楼各个产品品质特征的挖掘,有利于后期的竞争性分析环节及目标客户群的锁定。

(2)需求行为偏好分析

需求行为偏好是由需要产生的,是在对写字楼需要的基础上构成的独特的偏好动机。在一定时期,独特个体的需求行为偏好是写字楼潜在客户购买行为的表象反映。针对写字楼项目的不同需求偏好行为,反映在信息来源渠道的获取偏好及购买决策时的特殊偏好,比如有的通过广告、电视、媒体获取信息和作出决策,有的通过熟人介绍或口碑传播获取信息和作出决策。市场分析人员分析时,在后期的问卷调查或调查访谈中应设计此类问题。

2. 分析的方法

写字楼需求偏好分析一般采用问卷调查法、深度访谈法两种方法。

(1)问卷调查法

问卷调查法即通过设计有关写字楼需求偏好问题的调查问卷,调查潜在客户对写字楼需求的品质偏好和行为偏好,然后经过统计分析,得出在客户心目中各个因素(如地段、建筑设计、物业管理、配套设施等因素)的重要性顺序、对产品的各个方面喜欢什么样的品质(如在建筑风格上喜欢哪种风格)、如何获取信息、如何作出需求选择与决策。

在设计调查问卷时,首先要有关于被调查者基本情况的信息,因为我们要得出的是各类客户的不同偏好,对于某个写字楼项目的市场分析来说,我们需要的是目标客户群的偏好。

（2）深度访谈法

深度访谈法即通过与选择的目标客户进行深入交谈，来了解客户对写字楼需求的偏好。这种方法适合于高端写字楼需求偏好的调查，因为高端写字楼的客户一般不愿意接受问卷调查。

深度访谈法的优点是可以对某一问题进行深入探讨，了解被调查者真实的想法；而且也可以避免小组座谈会中难以把某个反应与被访者联系起来的问题。但这种方法也有缺点，具体表现在：对调查者的素质要求高，可以了解的客户数量不像问卷调查法那么多，有可能被访谈者的观点并不具有代表性意义。

深度访谈法程序如图 10-1 所示。

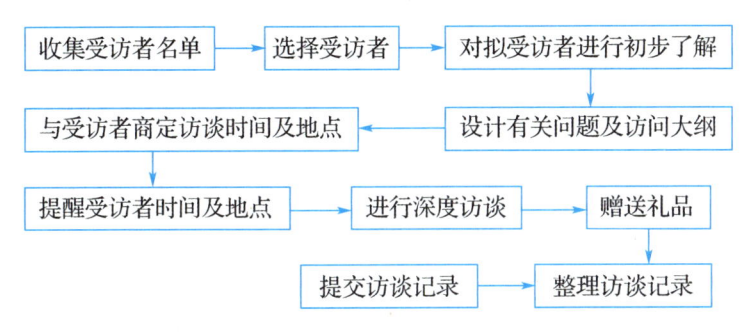

图 10-1 深度访谈法程序

在上述过程中，对拟受访者进行初步了解对访谈很重要。访谈员在访谈前需要对拟受访对象的背景爱好作些了解，以便于访谈开始找到受访者感兴趣的话题，避免在访谈过程中使受访者感受到他或她在为访谈员提供免费服务，最好把访谈变成一次朋友式的聊天，这样访谈才会比较顺利和愉快，也才会有真实的信息和访谈的深度。

需要指出的是，访谈的对象不一定是写字楼的目标客户群中的一员，也可以是知情者，例如，同档次写字楼的物业管理企业领导。

10.4.4 供给分析内容

写字楼供给分析的内容随市场分析的目的而有所不同及侧重，如对于"有用途，找地块"的市场分析，侧重于对区域整个写字楼市场的分析；而对于"有地块，找用途"的市场分析，则侧重于对竞争项目的分析。但总体而言，写字楼的市场供给分析内容如下。

1. 租金与售价分析

（1）写字楼价格变化分析

调查、了解过去不同时间的该项目地区辐射范围内写字楼项目，统计其写字楼价格，以某年写字楼物业价格为基期，找出写字楼的价格随着时间变化而变动的规律，并制作写字楼物业价格指数图。

(2) 写字楼价格水平分析

写字楼价格水平分析需要分析项目所在区域写字楼的总体价格水平，各板块写字楼和各档次写字楼的价格水平，且需要分别分析租金水平和售价水平。

2. 各板块特征分析

各板块写字楼特征是写字楼供给的一种空间结构形态，也是写字楼市场分析的一个重要内容，因为不同区域板块的写字楼呈现不同的发展特征。

3. 租售率分析

写字楼的租售率反映了其市场的景气情况，是其市场供给的一个重要方面。租售率的分析不仅要分析整个城市、不同区域或板块、不同档次和类型的写字楼租售情况，而且要分析出影响租售率的主要因素，以为目标项目的选址、规划、设计提供市场依据。

4. 物业特征分析

对不同板块的项目的档次、形象规模、配套及物业管理公司进行比较，得出各类型的写字楼和各档目的特征。可以参照写字楼的分类来进行分析，挖掘项目的物业特征。

5. 供给量的分析

供给量的来源有增量供给和存量供给两种形式。存量供给指现有的供给量，增量供给则主要是指目前处于建造或规划阶段的写字楼供给量。

写字楼存量供给，可以通过现场调研的方式获得，而增量供给则主要通过政府的规划、土地出让情况和相关的二手资料来估计。可以依据政府审批开发项目过程中形成的各种数据资料，把政府对写字楼开发的整个管理过程当作一个流动的过程，应用管道分析方法获得写字楼增量。

供给量分析应包括以下几个方面：①获取存量写字楼的数据；②获取增量写字楼的数据；③预测未来几年的写字楼供应量；④不同类别的写字楼供应状况及空置情况；⑤关注规划阶段写字楼项目；⑥写字楼的使用情况调查销售和租赁的使用比例。

10.5 写字楼的竞争性分析

写字楼产品的竞争性分析建立在对产品的认识之上，一般是以某写字楼项目为出发点，即首先要进行产品的定位，在了解产品构成要素的相关知识的基础上进行分析。

10.5.1 写字楼产品的构成要素

了解写字楼的基本情况和特点，具体可以从实物、区位、权益三个角度归纳分析项目的构成要素。

分析人员在分析时要注意项目的实物特点，包括写字楼楼层及层高、硬件设施和设备、建筑风格、外立面装饰、大堂设计装修、安全及消防监控、采光、通风情况及车位状况、出入口情况等。

区位方面包括交通便捷度、基础设施配套情况、公建配套情况,如成熟的道路系统、完善的基础设施系统、周边必备的银行、餐饮、邮政储蓄的配套和办公超市等。一般商务密度越大,写字楼产品的价值越高。

权益方面一般指写字楼项目房屋及所占有的土地的权属、物业管理服务的水准、客户组合情况、可出租面积的比率等。

10.5.2 写字楼市场竞争分析的步骤

1. 界定竞争区域

以项目所处的地理区位为基点,分析其所在区域的写字楼项目辐射能力和影响力,确定竞争区域的大小。例如,北京写字楼可以分为以下七个区域:国贸(CBD)区域、金融街区域、中关村区域、燕莎区域、东长安街区域、朝外及东二环区域、亚运村区域。

2. 调查竞争区域内的竞争项目

在竞争性分析中,分析人员需观察写字楼项目本身的特点,调查周边楼盘,归纳分析其竞争性项目。竞争性项目大致包括以下三种情形。

(1)同质同域:开发产品性质相同,在同一区域。
(2)同质不同域:开发产品性质相同,不在同一区域。
(3)同值不同质:产品性质及区域均不同,但开发产品的售价相同。

考察竞争项目所在的区域范围,视资料搜集的目的而定。在同一区域内除了同类型产品是主要竞争项目外,其他类型不同的产品由于也会吸收该区域内的客源,故应特别注意其发展方向。对于区域外的项目,即使是同类型的,可以作简单了解,无需作为竞争项目深入了解。关于竞争项目个案需要搜集的资料包括产品定位、房型组合、公共设施分摊方式、规划特色、定价方式、付款方式、销售技巧、销售状况等。

分析前需要进行竞争项目的调查,竞争项目的调查需要制作详细的调查表,见表10-1。

表 10-1　　　　　　　　　竞争项目调查表

基本信息	项目名称	
	开发商名称及主要开发楼盘	
	楼盘地址	
	售楼处电话	
	最低售价、最高售价、均价、实用率	

(续表)

	单位面积 (平方米)	数量	占总量的 面积比例(%)	销售数量	销售数量 占本单位 的比例(%)	销售数量 占总单位 的比例(%)
分割面积及销售面积总单位数散户(每层5个单位)						

楼盘建筑设计情况	总占地面积容积率、绿化率 总建筑面积建筑立面设计 建筑平面设计大堂面积 大堂装修档次　　（　）较高　（　）一般　（　）较低 采光情况　　　　（　）较高　（　）一般　（　）坏 通风情况　　　　（　）较高　（　）一般　（　）坏
地理位置与周边配套设施	证券公司 超市银行 邮局
交通状况	公交线路　　　　（　）W　（　）W　（　）W 有无亚交通连接问题　（　）有　（　）无
车位情况与交通组织	车位　　元/个/月　　出售　　元/个 车位　　个左右 车位比例停放方式　（　）地上　　（　）地下 交通组织　　　　（　）进出方便　（　）进出不便
物业管理 (1)公司名称 (2)收费情况	物业管理公司 物业管理费　　元/平方米/月 特色服务
公用设施情况	会所面积 卫生间布置情况：（　）集中布置　（　）分散布置
机电与弱电系统	空调电梯个数（　）个 品牌 宽带　（　）有　（　）无 智能化设备
销售情况	开盘时间、入伙时间 已销售时间、销售状况
价格走势及相应调整原因	开盘价 价格变化情况及原因

(续表)

楼盘主要优势		
楼盘主要劣势		
广告推广	广告代理公司	
	楼盘主广告语	
	主要卖点	

3. 评价竞争项目

在调查统计的基础上,采用有关竞争分析方法,比较并分析项目和竞争项目的异同,对项目进行综合分析。

10.5.3 写字楼产品竞争分析方法

在以上内容的基础上,对本项目与竞争性项目进行比较分析,一般采用两种方法:①SWOT分析法。用于识别项目和竞争项目的优劣势、机会和威胁,找出影响项目运作成功的关键因素,提供可选择的运作战略。②打分法。一般采用权重打分法,可采用十分制或百分制。该法建立在对项目的准确认知之上,首先是列出项目影响因素,分析并确定各个因素的权重。根据实际现状给比较项目打分,各个项目最后得分就是各个因素得分值乘以相应的权重之和,得分越高,说明竞争力越强。

思考题

1. 写字楼市场的概念及市场特征是什么？
2. 如何按档次对写字楼市场进行细分？
3. 写字楼市场如何进行背景分析？
4. 阐述写字楼市场需求分析。
5. 如何对写字楼市场竞争项目进行调查？

参考文献

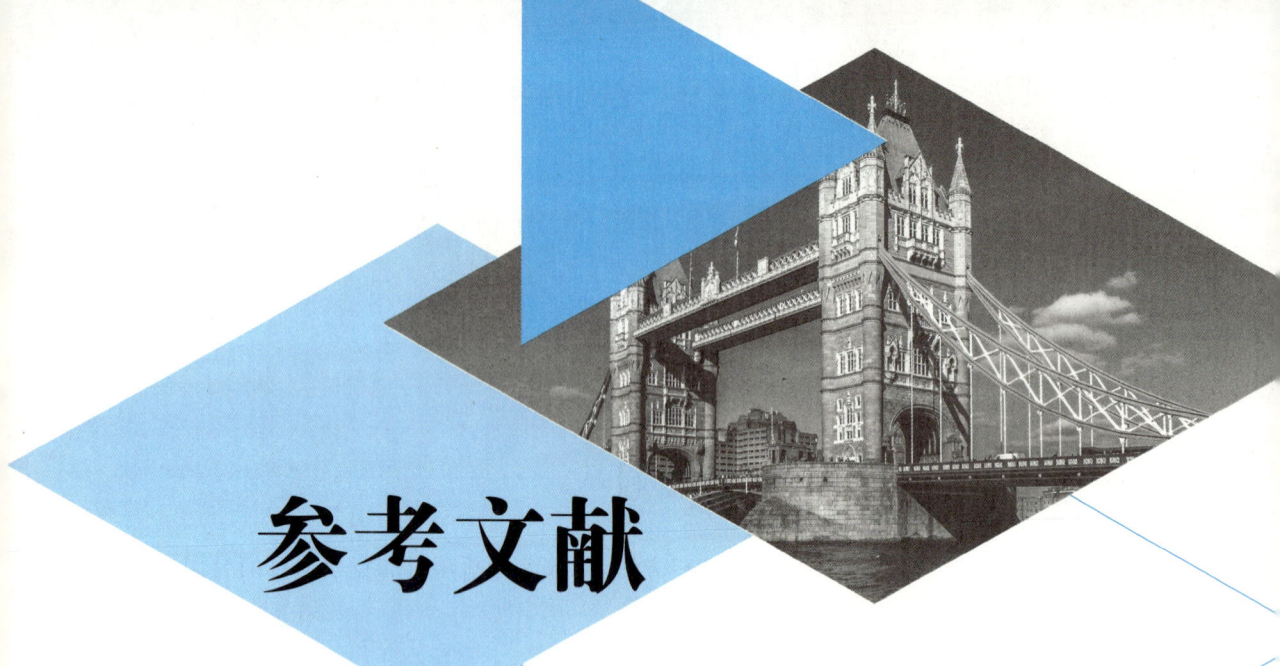

[1] 郑华. 房地产市场分析方法：数据分析与案例［M］. 北京：电子工业出版社，2011.

[2] 尹卫红. 房地产市场调查与分析［M］. 重庆：重庆大学出版社，2008.

[3] 张东祥. 房地产市场分析理论与实务［M］. 北京：中国经济出版社，2009.

[4] 卡恩，拉宾斯基，兰卡斯特，等. 房地产市场分析：方法与应用［M］. 张红，译. 北京：中信出版社，2005.

[5] 郑华. 房地产市场分析方法［M］. 北京：电子工业出版社，2003.

[6] 明源地产研究院. 房地产项目运营最佳实践［M］. 2版. 北京：中信出版社，2016.

[7] 潜进. 一本书看透房地产：房地产开发全流程强力剖析［M］. 北京：中国市场出版社，2015.

[8] 吴增胜. 房地产开发项目投资管理手册［M］. 北京：中国建筑工业出版社，2013.

[9] 张跃松. 房地产开发与案例分析［M］. 北京：清华大学出版社，2014.

[10] 余源鹏. 房地产项目可行性研究实操一本通·房地产投资分析指南［M］. 2版. 北京：机械工业出版社，2014.

[11] 金毅. 中国重点城市商圈分析与商家选址参考［M］. 北京：化学工业出版社，2016.

[12] 周小平，熊志刚，王军艳. 房地产投资分析［M］. 2版. 北京：清华大学出版社，2016.

[13] 中汇城控股(集团)房地产研究中心. 房地产精细操盘：前期市场分析[M]. 北京：化学工业出版社，2014.

[14] 汤鸿，纪昌品. 房地产策划技术与案例分析[M]. 2版. 南京：东南大学出版社，2018.

[15] 杜吉泽. 市场分析[M]. 2版. 北京：经济科学出版社，2010.

[16] 蔡继荣. 市场分析与软件应用[M]. 北京：机械工业出版社，2011.

[17] 古扎拉蒂，波特. 计量经济学基础[M]. 5版. 北京：中国人民大学出版社，2011.

[18] 贾俊平，何晓群，金勇进. 统计学[M]. 7版. 北京：中国人民大学，2018.

[19] 李国强，苗杰. 市场调查与市场分析[M]. 3版. 北京：中国人民大学出版社，2017.